普通话水平测试实用教程

主　编　陈建超　任媛媛
编写人员　杨　平　孙潇婷　张海振
　　　　　郭海凤　夏琳云　陈　磊
　　　　　杨　宏

苏州大学出版社

图书在版编目(CIP)数据

普通话水平测试实用教程/陈建超,任媛媛主编. —苏州:苏州大学出版社,2016.1(2022.7重印)
ISBN 978-7-5672-1577-1

Ⅰ.①普… Ⅱ.①陈… ②任… Ⅲ.①普通话-水平考试-教材 Ⅳ.①H102

中国版本图书馆 CIP 数据核字(2015)第 284767 号

普通话水平测试实用教程
陈建超　任媛媛　主编
责任编辑　史创新

苏 州 大 学 出 版 社 出 版 发 行
(地址:苏州市十梓街1号　邮编:215006)
苏州恒久印务有限公司印装
(地址:苏州市东吴南路1号　邮编:215128)

开本 787×1092　1/16　印张 12.75　字数 284 千
2016 年 1 月第 1 版　2022 年 7 月第 11 次印刷
ISBN 978-7-5672-1577-1　定价:35.00 元

苏州大学版图书若有印装错误,本社负责调换
苏州大学出版社营销部　电话:0512-67481020
苏州大学出版社网址 http://www.sudapress.com

目 录

■ **第一章 普通话的推广与水平测试**

  第一节 普通话的形成及其推广 / 1

    一、普通话的形成 / 1

    二、普通话的推广 / 2

  第二节 普通话水平测试 / 4

    一、普通话水平测试的性质、目的 / 4

    二、普通话水平测试的内容、范围 / 4

    三、普通话水平测试的题型及评分 / 4

    四、普通话水平测试的等级标准 / 6

    五、国家普通话水平智能测试系统考试注意事项 / 7

  附录：国家普通话等级测试试题 / 8

■ **第二章 普通话的语音基础知识**

  第一节 语音的构成 / 14

    一、语音的性质 / 14

    二、语音的基本概念 / 16

    三、江苏方言的特点 / 18

  第二节 语音的记音方式 / 19

    一、《汉语拼音方案》/ 19

    二、国际音标 / 20

第三章 普通话的音节

第一节 音节概述 / 21
一、音节的结构 / 21
二、普通话声母和韵母的配合规律 / 22
三、音节的拼读 / 23

第二节 声 母 / 23
一、什么是声母 / 23
二、声母的分类 / 23
三、声母发音方法分析 / 24
四、声母的辨正 / 26

第三节 韵 母 / 31
一、什么是韵母 / 31
二、韵母的结构 / 31
三、韵母的分类 / 31
四、韵母的发音分析 / 33
五、韵母的辨正 / 42
六、韵母的训练 / 43

第四节 声 调 / 48
一、什么是声调 / 48
二、调值、调类和调号 / 49
三、声调发音分析 / 50
四、声调发音难点 / 52
五、声调训练 / 52

第四章 普通话的音变

第一节 变 调 / 58
一、上声的变调 / 58
二、"一"和"不"的变调 / 61

第二节 儿 化 / 64
一、儿化的定义 / 64
二、儿化的作用 / 64

三、儿化韵的发音 / 65

　　附录：常用儿化词表 / 67

第三节　轻　声 / 73

　　一、轻声的定义 / 73

　　二、轻声的作用 / 73

　　三、轻声的音节有哪些 / 73

　　四、轻声的读法 / 74

　　五、常用轻声字 / 74

　　附录：普通话水平测试用必读轻声词语表 / 76

第四节　"啊"的音变 / 78

　　一、"啊"作叹词 / 78

　　二、"啊"作语气词 / 78

第五章　普通话朗读

第一节　朗读的意义 / 82

　　一、什么是普通话朗读 / 82

　　二、普通话朗读的意义 / 82

　　三、普通话朗读的基本要求 / 83

第二节　朗读的表达方法 / 85

　　一、内部心理状态 / 85

　　二、外部表达技巧 / 87

　　三、普通话水平测试的"短文朗读"要求及其训练 / 91

　　附录：普通话水平测试用朗读作品60篇（拼音版）/ 92

第六章　普通话命题说话

第一节　命题说话要略 / 169

　　一、语音标准 / 169

　　二、词汇语法规范 / 169

　　三、语流自然流畅 / 170

　　四、说话口语化 / 170

　　五、围绕命题进行说话 / 170

第二节　命题说话的话题分析 / 170
第三节　命题说话的技巧 / 172
　一、应试前充分准备 / 172
　二、读准常用字词 / 173
　三、控制语速 / 173
　四、临场发挥 / 174
　附录：命题说话样稿 / 174

附录：普通话水平测试模拟训练 / 189

第一章 普通话的推广与水平测试

第一节 普通话的形成及其推广

普通话是现代汉民族的共同语,是现代汉语的标准语。"普通"是"普遍通用"的意思。

一、普通话的形成

汉民族共同语在很早以前就已经形成了,它的发展有着悠久的历史。春秋时期,汉民族的共同语叫"雅言",主要使用于黄河流域。孔子讲学就是用的雅言,而不用家乡的鲁方言。《论语·述而》中记载:"子所雅言,诗、书、执礼,皆雅言也。"汉代汉民族的共同语叫"通语";元代汉民族的共同语叫"天下通语";明清时期,汉民族的共同语叫"官话";民国时期,汉民族的共同语叫"国语";新中国成立后,汉民族的共同语被确定为"普通话"。

1955年,全国文字改革会议和现代汉语规范问题学术会议确定了汉民族共同语的名称"普通话"及其含义。1956年2月6日,国务院颁布了《关于推广普通话的指示》,进一步明确了普通话的法定名称和含义:普通话就是以北京语音为标准音,以北方话为基础方言,以典范的现代白话文著作为语法规范的现代汉民族共同语。这一定义明确了普通话在语音、词汇、语法三方面的规范标准。

1."以北京语音为标准音",是普通话语音的规范标准

"以北京语音为标准音",而不以其他方言为标准音,这是历史的选择。北京作为中国政治、经济、文化的中心,有着悠久的历史。从元朝起,北京就一直是中国政治、经济、文化的中心;明清时期,以北京语音为标准的"官话"传播很广;"五四"时期,"国语运动"的开展极大地促进了北京语音的传播,从而使北京语音最终成为"国音"。所以,北京语音的标准音地位,是历史形成的、社会公认的。但需要注意的是,"以北京语音为标准音"中的"北京语音"是指北京语音的音位系统,而不是北京人说话时发出的所有音,即不包括北京语音中的土音。因此,北京话不是普通话,它只是现代汉语方言的一种。

2."以北方话为基础方言",是普通话词汇的规范标准

"以北方话为基础方言",是指普通话的词汇来源,这也是历史形成的。北方话的词汇是普通话词汇的基础和主要来源,有着广泛性和普遍性。北方方言的使用人口最多,占汉民族人口的73%以上。北方话的词汇既丰富又庞杂,但不是所有北方话的词语都能成为普

通话词汇。以北方话词汇为标准词汇,是指以北方话中普遍通行的词汇为标准词汇,而不是指北方某个次方言区使用的词语,更不包括北方话中的某些土语俗词。如"婆姨"一词,在西北话里比较流行,但在其他北方方言区并不通行,所以就不能作为普通话词语推广。再如"磕地头子"(膝盖),属苏北的土语,使用范围很窄,所以也不能成为普通话词语。当然,一些方言中有影响、富有表现力的词语是可以成为普通话词语的,如上海话中的"名堂"、粤方言中的"峰会"等已成为使用频率较高的普通话词语。实际上,普通话除了大量吸收北方话中普遍通行的词汇外,也有选择地吸收其他方言、古汉语和外语中的词语,并不断创造新词语来丰富其词汇。因此,北方话也不是普通话,它只是现代汉语方言的一种。

3. "以典范的现代白话文著作为语法规范",规定了普通话的语法标准

作为普通话语法标准的现代白话文著作,一不是文言文,二不是"五四"前的白话文,三不是不典范的现代白话文,四不是运用方言的作品。要正确理解和掌握语法规范,还要结合现代汉语应用的实践,多参照和学习讲究语法规范的文本,如优秀的文学作品、学术论文、国家政府机关的文件、严肃的报刊文章等,这些文本大都经过了推敲修改,语法比较规范。相比之下,那些追求表达个性、标新立异的文艺类作品,有时做些"突破"语法常规的尝试,一般不宜作为语法规范。

二、普通话的推广

语言与政治、经济、科技、文化有着密切的关系,大力推广普通话——汉民族的共同语,对构建社会主义和谐文明将产生积极的影响。

1. 推广普通话的意义

第一,推广普通话是增强中华民族凝聚力,维护国家统一和民族团结的需要。

我国是一个多民族、多语种、多方言的国家,在伟大祖国960万平方千米的土地上,有56个民族,13多亿人口,由于历史和文化的原因,形成了各具特色的方言区。不同地区语音迥异,在我们这样一个多民族、多方言的国度中,推广和普及普通话有利于增进各民族、各地区之间的交流,维护国家统一,增强中华民族的凝聚力。从某种意义上说,讲普通话同热爱国旗、国徽、国歌一样,是爱国主义的一种表现。

第二,推广普通话是促进人员交流,适应社会主义市场经济发展的需要。

语言文字是人们最重要的交际工具,推广普通话最重要的意义在于为各方言区的人们提供一种通用的交际工具。我国幅员辽阔,人口众多,各地区经济、文化发展很不平衡,不同方言区的人们在一起用方言交流有障碍,有时根本无法交流,甚至造成损失和危害。随着新时期改革开放的迅猛发展,国际国内跨区域的经济交流逐渐加大,人们交往的频率、范围扩大,就必然需要交际的共同语,所以,在开放程度前所未有的今天,社会主义市场经济的蓬勃发展使推广普通话显得更加重要和迫切。

第三,推广普通话是提高汉语实际应用水平,加快现代信息化发展的需要。

在当今信息化社会里,以汉语拼音输入为主要技术支持的电子通信设备和计算机已成为最重要的基础工具。音码输入法是输入法中重要的基础方法,是按照汉语拼音设计的、

建立在普通话语音基础之上的。只有学好普通话,讲好普通话,才能运用好这些电子工具。随着多媒体信息技术的飞速发展,实现无键盘操作的人机对话是大势所趋,而进行人机对话的前提是输入比较标准的普通话,这样计算机才能辨认识别,才会按照人的要求去工作。由此可见,学说普通话是现代人的必备素质,推广普通话是信息社会发展的需要。

第四,推广普通话是新时期加强文化建设,提高社会文明水平的需要。

语言文字是文化的载体,也是文化的重要内容,在提高社会文明进步中发挥着重要作用。推广普通话能引领时代风气,促进社会发展。同样,在一个存在严重方言差别的国家,人们若不能运用民族共同语,将会对现代化建设及各项社会事业的发展带来阻碍。一个民族的崛起,除了经济的强盛,更重要的是文化的繁荣。普通话是中华民族优秀传统文化的重要载体,推广、普及普通话,就是学习和接受中华民族优秀传统文化的过程。因此,作为民族共同语的普通话,在提升国民文明素质、提高国家文化软实力方面,具有特殊的魅力、潜能和价值。

需要注意的是,推广普通话并不是消灭方言,而是为了不同语种方言区的人更好地沟通交流。普通话与方言应是主体与个体的关系。

2. 推广普通话的方针政策

推广普通话是国家语言文字规范化工作的重要组成部分,是我国的既定国策。

新中国成立以来,党和政府非常重视推广普通话工作,先后采取了一系列措施,使得普通话的普及面越来越广,已经成为中华民族的通用语言。1956年2月,国务院颁发了《关于推广普通话的指示》,确定了普通话的法定名称和含义。1982年11月《中华人民共和国宪法》规定,"国家推广全国通用的普通话",从法律上正式确立了普通话的国语地位。

20世纪50年代,我国制定的推广普通话工作的方针是"大力提倡,重点推行,逐步普及"。1992年,《国家语言文字工作十年规划和"八五"计划纲要》又明确了新时期推广普通话的方针为"大力推行,积极普及,逐步提高"。

1986年1月,全国语言文字工作会议提出了推广普通话工作的四项任务:学校教学使用普通话,使普通话成为教学语言;机关工作使用普通话,使普通话成为工作语言;广播、电视(县级以上)、电影、话剧使用普通话,使普通话成为宣传语言;不同方言区的人在公共场合交往时,基本使用普通话,使普通话成为通用语言。

1994年,国家语委制定了《普通话水平测试标准》和《普通话水平测试大纲》,对普通话进行量化测试,普通话水平测试进入了量化阶段。同年,国家语委、国家教委、广播电影电视部联合下发了《关于开展普通话水平测试工作的决定》,指出:"有必要在一定范围内对某些岗位的人员进行普通话水平测试,并逐步实行普通话等级证书制度。"

从1998年起,国家规定在每年9月份的第三个星期开展"全国推广普通话宣传周"活动。2001年1月1日起实行的《中华人民共和国国家通用语言文字法》规定,"凡以普通话作为工作语言的岗位,其工作人员应当具备说普通话的能力"。

进入21世纪,国家提出了推广普通话的工作目标:到2010年"普通话在全国范围内初步普及",交际中的方言隔阂基本消除,受过中等或中等以上教育的公民具备普通话的应用能力,并在必要的场合自觉地使用普通话,与口语表达关系密切的行业工作人员的普通话水平达到相应的要求;2050 年前"普通话在全国范围内普及",人们在交际中没有方言隔阂。

当前,推广普通话工作已经走上科学化、规范化、制度化、法制化的轨道。

第二节 普通话水平测试

一、普通话水平测试的性质、目的

"普通话水平测试"(简称 PSC)是我国为加快民族共同语的普及、提高而设立的一项语言测试制度。由政府专门机构——国家语言文字工作委员会普通话培训中心主持标准和测试细则的制定,由全国各省、自治区、直辖市普通话培训测试中心负责具体实施。测试合格的人员由测试机构发放国家统一印制的普通话水平等级证书。

普通话水平测试全部采用口试方式进行,它既不是对普通话系统知识的理论考试,也不是对口才好坏的评估,而是对应试人普通话口语水平标准程度的检测和评价。

普通话水平测试主要测查应试人普通话(语音、语汇、语法)的规范程度、熟练程度,评定应试人的普通话口语水平等级。因此,普通话水平测试属于目前比较通行的标准参照性或者说达标性考试,实际上也是一种资格证书考试。它为应试人提供普通话水平等级证书,这是从业人员普通话水平的凭证,在全国范围内通用。

二、普通话水平测试的内容、范围

普通话水平测试的内容包括普通话语音、词汇和语法。

普通话水平测试的范围是国家测试机构编制的《普通话水平测试用普通话词语表》《普通话水平测试用普通话与方言词语对照表》《普通话水平测试用普通话与方言常见语法差异对照表》《普通话水平测试用朗读作品》《普通话水平测试用话题》。

三、普通话水平测试的题型及评分

国家普通话水平测试试卷包括五个部分:读单音节字词(10 分)、读多音节词语(20 分)、朗读短文(30 分)、选择判断(10 分)、命题说话(30 分)。江苏省对此作了调整,取消了"选择判断"项,"命题说话"项改为 40 分。

1. **读单音节字词**:100 个音节,限时 3.5 分钟,共 10 分

(1)目的:测查应试人声母、韵母、声调读音的标准程度。

(2)评分:

① 语音错误(含漏读音节),每个音节扣 0.1 分。

② 语音缺陷,每个音节扣 0.05 分。

③ 超时 1 分钟以内,扣 0.5 分;超时 1 分钟以上(含 1 分钟),扣 1 分。

2. 读多音节词语:100 个音节,限时 2.5 分钟,共 20 分

(1) 目的:测查应试人声母、韵母、声调和变调、轻声、儿化读音的标准程度。

(2) 评分:

① 语音错误(含漏读音节),每个音节扣 0.2 分。

② 语音缺陷,每个音节扣 0.1 分。

③ 超时 1 分钟以内,扣 0.5 分;超时 1 分钟以上(含 1 分钟),扣 1 分。

3. 朗读短文:总计 400 个音节,限时 4 分钟,共 30 分

(1) 目的:测查应试人使用普通话朗读书面作品的水平。在测查声母、韵母、声调读音标准程度的同时,重点测查连读音变、停连、语调及流畅程度。

(2) 要求:

① 短文从《普通话水平测试用朗读作品》中选取。

② 评分以朗读作品的前 400 个音节(不含标点符号和括注的音节)为限。

(3) 评分:

① 语音错误,每错 1 个音节,扣 0.1 分;漏读或增读 1 个音节,扣 0.1 分。

② 声母或韵母的系统性语音缺陷,视程度扣 0.5 分、1 分。

③ 语调偏误,视程度扣 0.5 分、1 分、2 分。

④ 停连不当,视程度扣 0.5 分、1 分、2 分。

⑤ 朗读不流畅(包括回读),视程度扣 0.5 分、1 分、2 分。

⑥ 超时扣 1 分。

4. 命题说话:限时 3 分钟,共 40 分

(1) 目的:测查应试人在无文字凭借的情况下说讲普通话的水平,重点测查语音标准程度、词汇语法规范程度和自然流畅程度。

(2) 要求:

① 说话话题从《普通话水平测试用话题》中选取,由应试人从给定的两个话题中选定一个话题,连续说一段话。

② 应试人单向说话;应试人须围绕话题说话,不说与话题无关的内容,时间必须说满 3 分钟。

(3) 评分:

① 语音标准程度,共 25 分。分六档:

一档:没有语音错误,扣 0 分;失误 1~2 次,扣 1 分;失误 3~4 次,扣 2 分。

二档:语音错误 5~7 次,扣 3 分;语音错误 8~10 次,扣 4 分。如方音明显,降为三档,分别扣 5 分、6 分。

三档:语音错误 11~15 次,无明显方音,扣 5 分、6 分。

四档:语音错误 11~15 次,有明显方音,扣 7 分、8 分。

五档:语音错误 16~30 次,视方音程度扣 9 分、10 分、11 分。

六档:语音错误超过 30 次,视方音程度扣 12 分、13 分、14 分。

基本用方言说话,酌情扣 15~20 分。

② 词汇、语法规范程度,共 10 分。分三档:

一档:词汇、语法规范,扣 0 分。

二档:词汇、语法不规范情况在 3 次以内,每出现 1 次扣 1 分。

三档:词汇、语法不规范情况在 4 次及以上,扣 4 分。

③ 自然流畅程度,共 5 分。分三档:

一档:语言自然流畅,扣 0 分。

二档:语言基本流畅,口语化较差,有背稿子的表现,扣 0.5 分、1 分。

三档:语言不连贯,语调生硬,结结巴巴,明显背稿子,经常离题,视程度扣 2 分、3 分。

④ 说话不足 3 分钟,酌情扣分;说话时间少于或等于 30 秒,扣 40 分。

⑤ 离题、内容雷同,视程度扣 4 分、5 分、6 分。

离题是指所说内容完全不符合或基本不符合规定的话题。直接或变相使用《普通话水平测试纲要》中的 60 篇朗读短文,扣 6 分;其他内容雷同情况,视程度扣 4 分、5 分。(本项可以重复扣分)

⑥ 无效话语,酌情扣 1~6 分。

无效话语是指测试员无法据此做出评分的内容。包括重复相同或大体相同的内容、经常重复相同语句、口头禅频密和简单重复。

有效话语不足 30 秒(含 30 秒),本测试项记为 0 分。

四、普通话水平测试的等级标准

普通话水平等级划分为三级,每一级又分为甲、乙两个等次,共有"三级六等"。一级甲等为最高,三级乙等为最低。应试人员的普通话水平等级根据在测试中所获得的分值确定。

一级甲等(简称"一甲"):是标准、纯正的普通话,也可称为标准级。它要求朗读和自由交谈时,语音标准,词汇、语法正确无误,语调自然,表达流畅。测试总失分率 3% 以内,得分 97 分以上(含 97 分)。

一级乙等(简称"一乙"):也是标准的普通话。它要求朗读和自由交谈时,语音标准,词汇、语法正确无误,语调自然,表达流畅。偶然有字音、字调失误。测试总失分率 8% 以内,得分 92~97 分(含 92 分)。

二级甲等(简称"二甲"):是比较标准的普通话。它要求朗读和自由交谈时,声韵调发音基本标准,语调自然,表达流畅。少数难点音(平翘舌音、前后鼻尾音、边鼻音等)有时出现失误。词汇、语法极少有误。测试总失分率 13% 以内,得分 87~92 分(含 87 分)。

二级乙等(简称"二乙"):朗读和自由交谈时,个别调值不准,声韵母发音有不到位现象。难点音(平翘舌音、前后鼻尾音、边鼻音等)失误较多。方言语调不明显。有使用方言词、方言语法的情况。测试总失分率 20% 以内,得分 80~87 分(含 80 分)。

三级甲等(简称"三甲"):朗读和自由交谈时,声韵调发音失误较多,难点音超出常见范围,声调调值多不准。方言语调较明显。词汇、语法有失误。测试总失分率 30% 以内,得分 70～80 分(含 70 分)。

三级乙等(简称"三乙"):朗读和自由交谈时,声韵调发音失误多,方音特征突出。方言语调明显。词汇、语法失误较多。外地人听其谈话有听不懂情况。测试总失分率 40% 以内,得分 60～70 分(含 60 分)。

五、国家普通话水平智能测试系统考试注意事项

从 2008 年起,江苏省启用计算机辅助普通话水平测试。试卷的前三项由国家语言文字工作部门认定的计算机辅助普通话水平测试系统评定分数,"命题说话"项由测试员评定分数。

为了能够取得更好的测试效果,应试人应仔细阅读下面的事项。

1. 登录阶段

正确佩戴好耳麦,麦克风应在左侧,调整麦克风至距嘴巴 2～3 厘米的位置,避免麦克风与面部接触,测试时手不要触摸麦克风。

正确输入自己的准考证号,准考证号的前几位系统已经自动给出,只需要输入最后四位即可,信息确认无误后,点击"确认"按钮进入。

2. 试音阶段

请在试音提示结束后开始试音,以适中音量朗读试音界面上的文字。

3. 考试阶段

测试共有四题,横向朗读测试内容,注意不要错行、漏行。测试过程中,不要说与测试内容无关的话。第一至三题开始前都有一段提示音,在提示音结束并听到"嘟"的一声后,再开始朗读。读完一题后,及时点击界面右下方的"下一题"按钮,进入下一题的测试。

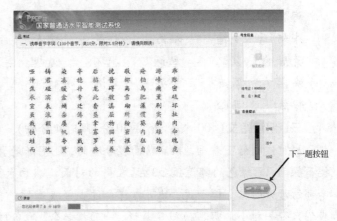

下一题按钮

第四题说话部分有两个题目,选一个题目并用语言报出,说满三分钟后,即可点击"提交试卷"按钮,结束测试。

附录:国家普通话等级测试试题

试题一

一、读单音节字词(100个音节,共10分,限时3.5分钟)

偶	铡	红	我	姨	秋	次	剜	逮	平	翁	挠
氧	食	判	镖	佣	涩	糖	野	敏	痣	丢	遍
捐	而	仍	接	水	日	音	岁	奖	花	邹	源
兄	咱	润	发	旬	线	扯	拐	虐	品	爱	尚
约	劝	梦	留	共	撕	否	案	框	旅	搓	瘫
踹	蛙	踩	匆	怀	襄	瓜	俩	主	撒	鸣	准
击	穿	嗍	迟	肥	均	窜	混	销	偏	苔	醉
你	擂	阔	缺	克	胞	裆	女	苏	子	氢	申
门	光	掐	度

二、读双音节词语(100个音节,共20分,限时2.5分钟)

选举	鹌鹑	用力	军事	豆芽儿	赌博	运输	原则
恳请	全面	草包	约会	女子	旅馆	死扣儿	光明
海洋	痛快	遵守	暖气	推动	挂号	抓紧	恐怖
牛奶	支持	描写	灯笼	穷人	群岛	略微	削弱
荒唐	装配	旦角儿	损坏	着想	柠檬	硫酸	藕节儿
夹杂	篡改	怪癖	耍滑	飘洒	帮厨	搀扶	非分
惨然	恶心

三、朗读短文(400个音节,共30分,限时4分钟)

那时候刚好下着雨,柏油路面湿冷冷的,还闪烁着青、黄、红颜色的灯光。我们就在骑楼下躲雨,看绿色的邮筒孤独地站在街的对面。我白色风衣的大口袋里有一封要寄给在南部的母亲的信。樱子说,她可以撑伞过去帮我寄信。我默默点头,把信交给她。"谁叫我们只带一把小伞哪。"她微笑着说,一面撑起伞,准备过马路去帮我寄信。从她伞骨渗下来的小雨点溅在我眼镜玻璃上。随着一声尖厉的刹车声,樱子的一生轻轻地飞了起来,缓缓地,飘落在冷湿的街面,好像一只夜晚的蝴蝶。虽然是春天,好像已是深秋了。她只是过马路去帮我寄信。这样简单的动作,却要叫我终生难忘了。我缓缓睁开眼,茫然站在骑楼下,眼里裹着滚烫的泪水。世上所有的车子都停了下来,人潮涌向马路中央。没有人知道那躺在街面的,就是我的蝴蝶。这时,她只离我五公尺,竟是那么遥远。更大的雨点溅在我的眼镜上,溅到我的生命里。为什么呢?只带一把伞?然而我又看到樱子穿着白色的风衣,撑着伞,静静地过马路了。她是要帮我寄信的。那,那是一封写给在南部的母亲的信,我茫然站在骑楼下,我又看到永远的樱子走到街心。其实雨下得并不很大,却是一生一世中最大的一场雨。而那封信是这样写的，年轻的樱子知不知道呢？妈妈：我打算在下个月和樱子结婚。（节选自陈启佑《永远的蝴蝶》）

四、命题说话(请在下列话题中任选一个，共40分，限时3分钟)

1. 环境与生存
2. 我最尊敬的一个人

试 题 二

一、读单音节字词(100个音节，共10分，限时3.5分钟)

铡	白	杀	鹤	痣	舌	逮	若	池	筛	得	字
给	二	鳃	棉	宰	栋	凹	淋	槽	品	朝	腔
挠	巷	泡	柄	藕	另	邹	氢	轴	腹	岸	努
榄	筑	瘫	哭	判	粗	忍	藏	午	缸	震	纺
挂	忙	耍	憎	祸	乘	索	正	踹	缝	坏	梦
隋	戏	褪	溺	霞	款	频	环	披	蒜	谢	弯
爹	舜	飘	损	表	闯	修	撞	玖	童	约	胸
劝	孔	徐	绒	俊	翁	略	宋	群	掘	总	笋
穷	旅	婶	卷								

二、读双音节词语(100个音节，共20分，限时2.5分钟)

把手	美妙	盆地	逆流	铁道	强盛	凝结	快速
轮廓	居然	酗酒	略微	穷苦	捐献	雄壮	法郎
配合	号召	约会	北面	反映	一下儿	运动	放心
更加	小孩儿	普遍	亲戚	抓紧	有点儿	讲座	推广
问题	群众	原料	荣辱	闯荡	酸楚	琐碎	串供
催促	婶婶	揣测	要弄	惨败	傻眼	死扣儿	崽子
使馆	早产						

三、朗读短文(400个音节，共30分，限时4分钟)

雨声渐渐地住了，窗帘后隐隐地透进清光来。推开窗户一看，呀！凉云散了，树叶上的残滴，映着月儿，好似萤光千点，闪闪烁烁地动着。——真没想到苦雨孤灯之后，会有这么一幅清美的图画！凭窗站了一会儿，微微地觉着凉意浸人。转过身来，忽然眼花缭乱，屋子里的别的东西，都隐在光云里，一片幽辉，只浸着墙上画中的安琪儿。——这白衣的安琪儿，抱着花儿，扬着翅儿，向着我微微地笑。"这笑容仿佛在哪里看见过似的，什么时候，我曾……"我不知不觉地便坐在窗下想，——默默地想。严闭的心幕，慢慢地拉开了，涌出五年前的一个印象。——一条很长的古道。驴脚下的泥，兀自滑滑的。田沟里的水，潺潺地流着。近村的绿树都笼在湿烟里。弓儿似的新月，挂在树梢。一边走着，似乎道旁有一个孩子，抱着一堆灿白的东西。驴儿过去了，无意中回头一看。——他抱着花,赤着脚儿,向着我微微地笑。"这笑容又仿佛是哪儿见过似的",我仍是想——默默地想。又现出一重心幕来,也慢慢地地拉开了,涌出十年前的一个印象。——茅檐下的雨水,一滴一滴地落到衣上来。土阶边的水泡儿,泛来泛去地乱转。门前的麦垄和葡萄架子,都濯得新黄嫩绿的非常鲜丽。(节选自冰心《笑》)

四、命题说话(请在下列话题中任选一个,共40分,限时3分钟)

1. 对"假日经济"的看法
2. 我的读书生活

试 题 三

一、读单音节字词(100个音节,共10分,限时3.5分钟)

背	群	丢	女	挺	捐	雄	晕	闯	拽	夸	枪
却	醋	晌	遭	嘎	稚	邢	逆	帘	航	灰	实
标	聘	而	妇	沫	绿	涌	邹	暗	踹	人	贼
雌	鹅	摊	沓	槛	犁	球	酿	信	书	天	哼
杂	灭	替	抓	猿	寡	筒	昏	翁	荒	绝	润
隋	坐	篡	趁	钩	诱	逮	饶	散	栋	发	惹
开	夹	凋	赛	煤	污	爱	关	尊	选	捶	说
卸	坡	往	剐	尿	俩						

二、读双音节词语(100个音节,共20分,限时2.5分钟)

倒退	恶心	防御	骨肉	混乱	闺女	被子	表扬
病菌	彩色	公斤	用处	粮食	排球	区别	学院
盼望	英雄	好玩儿	捐赠	巡逻	决定	衰弱	瓦解
漂流	奶水	假托	深浅	差点儿	铁证	磨难	卡钳
拷打	夸赞	虾酱	唇裂	揣测	美感	透支	一圈儿
粉笔	而后	容易	作者	嗓音	短促	波动	操场
纳闷儿	散光						

三、朗读短文(400个音节,共30分,限时4分钟)

一次,仪山禅师洗澡。

水太热了点,仪山让弟子打来冷水,倒进澡盆。

听师父说,水的温度已经刚好,看见桶里还剩有冷水,做弟子的就随手倒掉了。

正在澡盆里的师父眼看弟子倒掉剩水,不禁语重心长地说:"世界上的任何东西,不管是大是小,是多是少,是贵是贱,都各有各的用处,不要随便就浪费了。你刚才随手倒掉的剩水,不就可以用来灌浇花草树木吗?这样水得其用,花草树木也眉开眼笑,一举两得,又何乐而不为呢?"

弟子受师父这么一指点,从此便心有所悟,取法号为"滴水和尚"。万物皆有所用,不管你看上去多么卑微得像棵草，渺小得像滴水，但都有它们自身存在的价值。

科学家发明创造，石破天惊，举世瞩目，然而，如果没有众人智慧的积累，便就终将成为空中楼阁，子虚乌有。

鲁迅的那段话也掷地有声："天才并不是自生自长在深林荒野里的怪物，是由可以使天才生长的民众产生、长育出来的，所以没有这种民众，就没有天才。"

如果你处在社会的低层——相信这是大多数，请千万不要自卑，要紧的还是打破偏见，唤起自信。问题不在于人家怎么看，可贵的是你的精神面貌如何。

四、命题说话（请在下列话题中任选一个，共40分，限时3分钟）

1. 我喜欢的旅游胜地
2. 漫议终身学习

试 题 四

一、读单音节字词（100个音节，共10分，限时3.5分钟）

抬	暖	军	嗑	纸	券	卡	浮	胸	改	名	翻
词	广	跌	渠	忍	再	吵	根	浅	临	黑	穷
而	舵	流	巷	酒	终	字	蔓	抓	唐	梗	怀
饶	抹	腌	颊	忙	瞟	拟	旬	拗	爷	邹	涮
秧	宣	整	茶	槛	虐	揣	蹭	蛙	润	守	御
真	俩	若	播	闯	粟	拈	横	否	脆	舌	经
室	拐	烘	题	药	浊	丛	盼	表	翁	北	庙
农	让	涩	掂	俩	拼	砌	毁	蚌	如	薛	旺
孙	捧	贴	童								

二、读双音节词语（100个音节，共20分，限时2.5分钟）

群岛	爽快	平庸	冰棍	捐款	原来	确凿	本领
迥然	松树	虚心	纳闷儿	强烈	懂得	话剧	尊贵
热爱	情况	美满	外边	追踪	调皮	摆脱	混战
大伙儿	挂号	江南	下巴	显著	有关	佛教	采摘
说头儿	灭迹	仿古	存疑	侵略	工程	吆喝	恰似
所谓	内部	后天	日常	风力	迫切	免费	错误
羞耻	韵律						

三、朗读短文（400个音节，共30分，限时4分钟）

窗外荷荷地下着雨，天空黑得像一盘墨汁，风从窗缝里吹进来，写字桌上的台灯像闪眼睛一样忽明忽暗地闪了几下。我刚翻到《野草》的最后一页。我抬起头，就好像看见先生站在面前。仍旧是矮小的身材，黑色的长袍，浓浓的眉毛，厚厚的上唇须，深透的眼光和慈祥的微笑，右手两根手指夹着一支香烟。他深深地吸一口烟，向空中喷着烟雾。他在房里踱着,在椅子上坐下来,他抽烟,他看书,他讲话,他俯在他那个简单的书桌上写字,他躺在他那把藤躺椅上休息,他突然发出来爽朗的笑声……这一切都是那么自然,那么平易近人。而且每一个动作里仿佛都有先生的特殊的东西。你一眼就可以认出他来。不管窗外天空漆黑,只要他抬起眼睛,整个房间就马上亮起来,他的眼光仿佛会看透你的心灵,你在他面前想撒谎也不可能。不管院子里暴雨如注,只要他一开口,你就觉得他的每个字都很清楚地进到你的心底。他从不教训人,他鼓励你,安慰你,慢慢地使你的眼睛睁大,牵着你的手徐徐朝前走去,倘使有绊脚石,他会替你踢开。他一点也没有改变。他还是那么安静,那么恳切,那么热心,那么慈祥。他坐在椅子上,好像从他身上散出来一股一股的热气。我觉得屋子里越来越温暖了。(节选自巴金《秋夜》)

四、命题说话(请在下列话题中任选一个,共40分,限时3分钟)

1. 谈素质教育
2. 我的家乡

试题五

一、读单音节字词(100个音节,共10分,限时3.5分钟)

墙	换	戳	告	蹄	庄	陕	控	娃	段	锥	百
瞥	逆	添	壤	究	群	法	残	揩	末	厅	裂
宣	耳	瞎	瘦	温	揍	硼	晚	察	吞	持	比
昧	孙	日	脖	总	徐	粗	随	奉	汝	劝	黑
定	皆	谬	夺	享	杂	捞	滑	死	德	坏	此
瞧	女	冻	鸟	及	奶	罐	砂	扯	逛	粉	狼
抄	锦	绳	窖	驻	撅	或	揉	冢	悦	连	新
牙	藕	蕴	贴	吾	永	歪	逊	篇	尝	坎	蛰
筛	本	绫	勉								

二、读多音节词语(100个音节,共20分,限时2.5分钟)

背后	特别	冲刷	战略	农民	胆固醇	馒头	浅显
加速	所有制	疲倦	标准	佛教	红娘	飞船	恰好
夸张	配套	扎实	藏身	快乐	双方	明确	军队
未来	四周	挨个儿	英雄	跳蚤	力量	胡同儿	蜗牛
昂贵	仍然	原因	底子	难怪	小鞋儿	麻醉	篡改
穷人	富翁	雨点儿	遵循	何况	上层	陡坡	轻而易举

三、朗读短文(400个音节,共30分,限时4分钟)

有这样一个故事。

有人问:世界上什么东西的气力最大?回答纷纭得很,有的说"象",有的说"狮",有人开玩笑似的说:是"金刚",金刚有多少气力,当然大家全不知道。

结果，这一切答案完全不对，世界上气力最大的，是植物的种子。一粒种子所可以显现出来的力，简直是超越一切。

　　人的头盖骨，结合得非常致密与坚固，生理学家和解剖学者用尽了一切的方法，要把它完整地分出来，都没有这种力气。后来忽然有人发明了一个方法，就是把一些植物的种子放在要剖析的头盖骨里，给它以温度与湿度，使它发芽。一发芽，这些种子便以可怕的力量，将一切机械力所不能分开的骨骼，完整地分开了。植物种子的力量之大，如此如此。

　　这，也许特殊了一点儿，常人不容易理解。那么，你看见过笋的成长吗？你看见过被压在瓦砾和石块下面的一棵小草的生长吗？它为着向往阳光，为着达成它的生之意志，不管上面的石块如何重，石与石之间如何狭，它必定要曲曲折折地，但是顽强不屈地透到地面上来。它的根往土壤钻，它的芽往地面挺，这是一种不可抗拒的力，阻止它的石块，结果也被它掀翻。一粒种子的力量之大，如此如此。

四、命题说话(请在下列话题中任选一个，共40分，限时3分钟)

1. 我的愿望(或理想)
2. 我喜爱的文学(或其他)艺术形式

第二章　普通话语音基础知识

第一节　语音的构成

学好一种语言首先要学好语音。语音与词汇、语法一起构成语言的三要素。学习普通话必须学好语音、词汇和语法三个方面,而语音是前提。普通话的语音系统是以北京语音为标准的。

一、语音的性质

语音是语言的外在表现,语言的交际作用主要是通过语音来实现的。

语音是一种声音,和自然界的其他声音(如风声、雨声、动物的鸣叫声、物体的撞击声)一样,也是产生于物体的振动,所以它具有物理的属性。

语音是由人的发音器官发出的代表一定意义的声音,自然具有生理的属性。

语音代表一定的意义,这种意义是一定社会所赋予的,语音形式和语义之间的对应关系是使用该语言的全体成员约定俗成的,所以它又具有社会的属性。社会属性是其本质属性。

（一）语音的物理性质

从物理学角度看,语音同其他声音一样,具有音高、音强、音长、音色四个要素。

1. 音高

音高指声音的高低。它取决于发音体在一定时间内振动次数的多少。在同一时间内,振动次数多,频率就大,声音就高;振动次数少,频率就小,声音就低。语音的高低同人的声带的长短、厚薄有关系。一般说来,女性和儿童的声带比成年男子的声带短些、薄些,所以声音比较高;成年男子的声带较女子和儿童的长、厚,所以声音比较低。同一个人可以发出高低不同的声音,这是由于人们能够控制自己声带的松紧。声带拉紧,声音就高;声带放松,声音就低。汉语声调高低升降的变化,主要是由音高不同形成的。

2. 音强

音强指声音的强弱。它取决于音波振动幅度的大小。音波振动幅度大,声音就强;音波振动幅度小,声音就弱。

普通话里的轻声与重音就是由不同的音强形成的。例如"电子"与"垫子"中的"子",在口语中前者读上声,重读,后者则读轻声,由于两个"子"的音强不同,从听感上就能区别意义。

3. 音长

音长指声音的长短。它取决于音波持续时间的长短。音波持续的时间长,声音就长;反之,声音就短。语言中音长也有区别意义的作用,如轻声音节较弱,同时音长也较短。另外,音长在表达不同的语气、语调时也起一定的作用。

4. 音色

音色指声音的特色,是声音的本质,所以又叫音质。不同的音色是由于音波振动的形式不同形成的,是一个音与其他音相区别的最根本的特征。

音色的不同由以下三个条件决定:

第一,发音体。

例如锣和鼓都是打击乐器,由于发音体不同,它们就各有自己的声音特色。语音也一样,不同的人声带的条件不同,其音色就不同。

第二,发音方法。

例如二胡和琵琶同为弦乐,发音方法不同,音色就不同。语音也一样,相同器官发出的音,由于气流受阻的方式不同、声带颤动与否、气流的强弱不同,会形成音色不同的音。

第三,共鸣器形状。

例如小提琴和二胡虽然同是用弓弦拉的乐器,但由于共鸣箱形状不同,因而演奏时的音色就不同。语音也一样,发音时开口度的大小、舌位的前后高低不同,呈现出的音色是不同的。

(二)语音的生理性质

语音是由人的发音器官发出的声音,是发音器官协同动作的结果。了解发音器官的构造及其活动情况,弄清发音原理,是学好语音的重要前提。

人的发音器官可以分成三个部分:提供发音原动力的肺和气管,作为发音体的喉头和声带,作为共鸣器的口腔、鼻腔和咽腔。

1. 肺和气管

肺和气管是人类重要的呼吸器官,起供气和通气作用。肺用来提供发音的动力——气流,气流通过气管到达喉部,作用于声带等部位,从而发出不同的声音。

2. 喉头和声带

喉头上通咽头,下连气管,起通道作用。声带位于喉头中间,是两片富有弹性的薄膜。两片声带之间的空隙叫声门。从肺部呼出的气流通过声门时,引起声带振动,发出声音。所以声带是主要的发音体,在发音中起重要作用。人们通过控制声带的松紧变化和振动,可以发出高低、清浊不同的声音。

3. 口腔和鼻腔

口腔、鼻腔是共鸣器。口腔和鼻腔靠软腭和小舌隔开。软腭和小舌上升时,鼻腔闭塞,口腔畅通,这时发出的音叫口音。软腭和小舌下垂,口腔某两个部位闭塞,气流只能从鼻腔呼出,这时发出的音叫鼻音。这是区别口音、鼻音或鼻化音的关键部位。

图 2-1 是发音器官纵切面示意图,有助于我们了解发音器官的各个部位,掌握普通话每个音的特点。

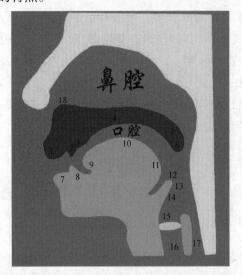

1. 上唇 2. 上齿 3. 齿龈 4. 硬腭
5. 软腭 6. 小舌 7. 下唇 8. 下齿
9. 舌尖 10. 舌面 11. 舌根 12. 咽头 13. 咽壁 14. 会厌 15. 声带
16. 气管 17. 食道 18. 鼻孔

图 2-1 发音器官纵切面示意图

(三)语音的社会属性

用什么样的声音形式表达什么样的意义内容,是一个民族的社会成员在漫长的社会发展过程中约定俗成的。一种语言所用词的音与义的结合,是由社会公认的。所以,社会属性是语音的本质特点,也是语音的本质属性。

语音的社会属性主要从"地方特征"和"民族特征"两个方面反映出来。地域不同,不同方言区人的语音特征、发音习惯就不相同。人们往往对自己母语中的语音特征,听觉上比较敏感,发音也较容易;对自己母语中没有的语音特征,听辨不出,发音也感觉较难。如有的方言区 n、l 不分,有的方言区平翘舌音不分,有的方言区前后鼻音不分,学说普通话时,既听不出它们的区别,也发不好这些音。再如,普通话的辅音声母有不送气和送气的区别,b 是不送气音,p 是送气音,所以"波"和"坡"的读音不同;而英语的辅音就没有送气与不送气之说。因此,两种民族语言的语音系统是不同的。又如,西方人对汉语的四声、汉族人对西方语言的颤音,都是不易分辨和难以准确发音的。但经过训练后,一个人是可以掌握各种语音系统的。

二、语音的基本概念

(一)音素、音节

1. 音素

音素是最小的语音单位。音素是从音色的角度划分出来的。一个音节,如果按音色的不同进一步划分,就会得到一个个最小的各有特色的单位,这就是音素。汉语的音节由 1~4 个音素组合而成,如"花"(huā)从音色的自然度可以划分为"h""u"和"a"三个不同的音素。

2. 音节

音节是语音结构的基本单位,也是自然感到的最小的语音片断。一般来说,一个汉字代表一个音节,如"普通话"(pǔtōnghuà),3个汉字就是3个音节。只有少数儿化音是两个汉字由一个音节表示,如"花儿"是两个汉字,读出来却是一个音节(huār)。

(二)元音、辅音

根据发音性质的不同,音素可以分成元音、辅音两大类。

1. 元音

元音是发音时声带颤动、呼出的气流不受发音器官阻碍而发出的音。元音又叫"母音"。如 a,o,e,i,u,ü 等。

2. 辅音

辅音是发音时气流通过发音器官受阻碍而发出的音。辅音又叫"子音"。如 b,p,n,l,x,zh,c 等。音节"妈"(mā)中,m 是辅音,a 是元音。

3. 元音和辅音的主要区别

(1)元音发音时,气流不受阻碍;辅音发音时,气流通过口腔、鼻腔时要受到阻碍。

(2)元音发音时,发音器官各部位保持均衡的紧张状态;辅音发音时,构成阻碍的部位比较紧张,其他部位比较松弛。

(3)元音发音时,气流较弱;辅音发音时,气流较强。

(4)元音发音时,声带颤动,发出的声音比较响亮;辅音发音时,声带不一定颤动,声音一般不响亮。

(三)声母、韵母、声调

按汉语传统音韵学,汉语的音节分为声母、韵母两部分,再加上一个贯通整个音节的声调。声母、韵母、声调是汉语音节的三要素。

1. 声母

声母是指音节开头的辅音。声母和辅音不是一个概念。如果音节开头没有辅音,则称为"零声母"。如"汉语"(hànyǔ),"汉"的声母是"h","语"(yǔ)开头没有辅音,即为零声母。零声母的"零"是"没有"的意思,即没有辅音做声母。

2. 韵母

韵母是指音节中声母后边的部分。韵母和元音也不是一个概念。韵母可以是一个元音,也可以是元音的组合,还可以是元音和辅音的组合,如"mā"(妈)的韵母是单元音 a;"jiào"(教)的韵母是元音的组合 iao;"míng"(明)的韵母是元音和辅音的组合 ing。零声母音节整个由韵母构成,如"奥运"(àoyùn)。

3. 声调

声调是指音节中具有区别意义作用的音高变化。声调附着于整个音节。声调具有区别意义的作用,如:语言—寓言—预演、情景—情境—清静、题材—体裁、示范—师范。普通话的声调有四种：阴平、阳平、上声、去声。轻声不是声调，只是一种语流音变。

普通话共有21个辅音声母，39个韵母，4个声调。声母、韵母、声调是汉语音节结构中不可缺少的组成部分，都有区别意义的作用。例如：诗人—私人（声母不同）、民心—明星（韵母不同）、出席—除夕（声调不同）。

三、江苏方言的特点

现代汉语方言，可以分为七大方言区，即北方方言区、吴方言区、湘方言区、赣方言区、闽方言区、粤方言区、客家方言区。方言之间的差异，主要表现在语音上，词汇方面的差别较小，语法上的差异更小。各方言区的语音同普通话语音往往存在整齐的对应关系。

根据《江苏省志·方言志》所述，江苏省的方言可以分为"三区七片"，即江淮方言，分为扬淮片、南京片、通泰片；吴方言，分为苏州片、常州片；北方方言区，分为徐州片、赣榆片。这三个方言区，大致上是按流经江苏的长江、淮河（今为废黄河故道，苏北灌溉总渠）这两条大河把省境内分成的三大块来划分的：长江以南主要是吴方言区，长江以北至淮河两岸主要是江淮方言区，淮河以北约100千米以外是北方方言区。江苏方言"三区七片"各有其特点。

1. 江淮方言区

本区方言语音有两大特点：一是保留了古代的入声声调；二是多数市县声母n,l不分。本区包括42个市县（区）和靖江市的部分乡村，分为三片：

（1）南京片：包括南京、江宁、句容、溧水、江浦、六合6个市县（区）。

（2）扬淮片：包括扬州、江都、高邮、宝应、仪征、镇江、扬中、淮安、楚州、涟水、灌南、沭阳、泗阳、泗洪、洪泽、盱眙、金湖、连云港、东海、灌云、盐城、阜宁、建湖、响水、滨海、射阳共26个市县（区）。

（3）通泰片：包括南通、如皋、海安、如东、泰州、姜堰、泰兴、兴化、东台、大丰共10个市县和靖江的部分。

2. 吴方言区

本区方言语音有三大特点：一是塞音、塞擦音声母三分，即清声母分为送气、不送气，同时保留同一部位的古全浊声母；二是有较系统的文白读；三是有入声声调。本区又分为东、西两片：

（1）苏州片：包括苏州、吴江、太仓、昆山、常熟、无锡和启东、海门、通州的启海话部分。

（2）常州片：包括常州、江阴、张家港、宜兴、溧阳、金坛、丹阳、高淳、靖江的大部分和溧水的南部，以及启东、海门、通州的通东话部分。

3. 北方方言区

本区方言属于北方方言的华北次方言区，语音上相对上述两区的方言更接近普通话。本区分为徐州片和赣榆片两片：

（1）徐州片：包括徐州、丰县、沛县、铜山、邳州、睢宁、新沂、宿迁8个市县（区）。

（2）赣榆片：仅赣榆1个县。

一方水土养一方人,方言是文化的缩影,也是文化的最好代表。地域差异造就了不同的地域方言和文化,也使人们的思维和理念产生不同,但是不同的方言文化在经济发展中的作用各有优劣,我们要打破思维定势,积极改造我们方言文化中的那些消极因素,说好普通话,方便你我他。

第二节 语音的记音方式

记音符号就是记录语音的符号。汉字不是拼音文字,不能从字形中看出读音来,所以需要记音符号给汉字注音。我们现在最常用的记音符号系统主要有《汉语拼音方案》和国际音标。

一、《汉语拼音方案》

《汉语拼音方案》是用拉丁字母记录现代汉语普通话语音系统的一套记音符号,是我国法定的拼音方案。它由第一届全国人民代表大会第五次会议审议批准,1958年2月11日作为正式方案推行。《汉语拼音方案》比过去的各种注音法更加科学、完善。今天,电子信息技术的普及,为《汉语拼音方案》的使用开拓了更加广阔的天地。

1.《汉语拼音方案》的制定原则

(1) 国际化的原则。字母采用国际通用的拉丁字母,便于与国际交流。

(2) 音素化的原则。用音素来描述音节,符合现代语音学的要求。

(3) 口语化的原则。所拼写的是以北京语音为标准音的普通话,有利于推动我国共同语的发展。

2.《汉语拼音方案》的作用

(1) 给汉字注音。汉语拼音用26个字母和4个声调符号表示普通话的全部音节,为成千上万个汉字标明普通话的标准读音,使汉字的注音实现科学化、简便化。

(2) 推广普通话的工具。汉语拼音是以北京语音为标准音制定的,也是为推广和普及普通话服务的。学好汉语拼音是学好普通话的基础。各种方言与普通话在声母、韵母和声调方面的差异都有整齐的对应规律。利用汉语拼音,分清方言与普通话发音的不同,对准确掌握普通话标准读音大有帮助。

(3) 拼写人名、地名、科学术语等。《汉语拼音方案》成为中国人名、地名拼写的国际标准,我国的外交文件和新华社电讯稿全面采用《汉语拼音方案》来拼写中国的地名和人名。如"北京""天津"拼作 Beijing,Tianjin。

(4) 为少数民族创制文字提供参照。

(5) 帮助外国人、外族人学习汉语。

(6) 用来编制索引、电报、旗语、工业产品代号等。

(7) 用于中文信息处理。用拼音输入法可以在国际通用的电脑键盘和手机上方便地输入汉字。

3.《汉语拼音方案》的内容

《汉语拼音方案》包括五个部分,即字母表、声母表、韵母表、声调符号和隔音符号。

(1) 字母表:规定了《汉语拼音方案》所用的字母,还规定了字母的形体、名称和排列顺序。字母全部采用国际通用的 26 个拉丁字母。

(2) 声母表:规定了 21 个辅音声母的读音和写法。声母的读音用的是呼读音。声母表根据发音部位将普通话语音的 21 个辅音声母分三行六组排列。

(3) 韵母表:规定了韵母的读音、写法及音节的拼写规则。表中列出了普通话语音的 35 个韵母,并在表后的注释中补充了 4 个韵母:ê,er,-i[前],-i[后],共 39 个韵母。韵母表是纵按"四呼"、横按结构排列的。

(4) 声调符号:规定了普通话四声的调类名称、调号和标调方法。

(5) 隔音符号:规定了隔音符号的作用和使用方法。a、o、e 开头的音节连接在其他音节后面的时候,如果音节的界限发生混淆,用隔音符号(')隔开。

二、国际音标

国际音标(International Phonetic Alphabet),简称 IPA,是国际语音学会制定的一套标音符号。1888 年首次公布,后经多次补充修订,一直使用至今。

1. 国际音标的用途

国际音标是一套比较科学的记音工具,能记录世界上任何语言的语音。

2. 国际音标的特点

(1) 国际通用。采用拉丁字母符号及其各种变化形式记录各种音素,国际通行。

(2) 记音准确。遵循"一个音素一个符号,一个符号一个音素"的原则,符号与音素之间呈一对一的关系,区别细致,每个音标的音值都是确定不变的,不会出现混淆。

(3) 使用灵活。可根据需要,用变形或增加符号等方式进行扩充,形成严整缜密的记音符号系统。

第三章 普通话的音节

第一节 音节概述

一、音节的结构

音节是听觉能感受到的最自然的语音单位,由一个或几个音素按一定规律组合而成。汉语中一个汉字读音就是一个音节。每个基本音节由声母、韵母和声调三个部分组成,有的可以没有声母或声调,但一定有韵母(见表3-1)。拼音是拼读音节的过程,就是按照普通话音节的构成规律,把声母、韵母迅速连续拼合并加上声调从而成为一个音节。

表3-1 普通话音节结构表

结构方式 例字	声母	韵母			声调
		韵头（介音）	韵(韵身)		
			韵腹（主要元音）	韵尾	
				（元音） （辅音）	
窗 chuāng	ch	u	a	ng	阴平
花 huā	h	u	a		阴平
拜 bài	b		a	i	去声
久 jiǔ	j	i	o	u	上声
度 dù	d		u		去声
游 yóu		i	o	u	阳平
元 yuán		ü	a	n	阳平
鸭 yā		i	a		阴平
欧 ōu			o	u	阴平
俄 é			e		阳平

从上表可以看出,普通话音节结构有以下五个特点:

(1) 一个音节的实际读音至少由三个成分组成,声母、韵腹和声调;最多可由五个成分组成,声母、韵头、韵腹、韵尾和声调。

(2) 每个音节都必须有韵腹和声调,但可以没有辅音声母、韵头或韵尾。

(3) 元音在音节中占优势,一个音节中元音可多至三个,如果音节只有一个音素,这个音素除个别情况外都是元音。

(4) 辅音在音节中位置固定,只出现在音节开头和末尾,并且在音节末尾出现的辅音只有两个。音节可以没有辅音,也没有辅音相连的情况。

(5) 由于元音占优势,故语言里元音成分比例大。辅音和元音相互间隔,形成了比较分明的音节界限;阴、阳、上、去四个声调的变化,使语言富有音乐色彩。

二、普通话声母和韵母的配合规律

普通话声母和韵母的配合有比较强的规律性,掌握了这种配合规律,有助于深入了解普通话的语音系统,更好地学习普通话。普通话声母和韵母的配合规律主要表现在声母的发音部位和韵母的四呼上。这种规律可以列表如下:

表3-2 声母和韵母的配合规律

声母发音部位 韵母四呼	双唇音 b p m	唇齿音 f	舌尖中音 d t	舌尖中音 n l	舌根音 g k h	舌面音 j q x	舌尖后音 zh ch sh r	舌尖前音 z c s	零声母
开口呼 齐齿呼 合口呼 撮口呼	班 边 (布) ○	番 ○ (富) ○	单 颠 端 ○	南 年 暖 略	甘 ○ 官 ○	○ 坚 ○ 宣	占 ○ 专 ○	赞 ○ 钻 ○	安 烟 弯 冤

关于表3-2,有三点说明:

(1) 表中有字的表示声母和韵母可以配合,画○的表示不能配合。列出的字是举例性的。

(2) 所谓配合就是相拼。能配合只是说其中有的声母和有的韵母能相拼,不是说所有的声母和所有的韵母都能相拼。

(3) 双唇音、唇齿音只能和合口呼中的韵母u相拼,不能和合口呼中的其他韵母相拼,所以表中的"布、富"加括号。

从表3-2中可以看出,普通话声母和韵母配合的主要规律有以下四条:

第一,b、p、m和d、t能和开口呼、齐齿呼、合口呼韵母相拼(b、p、m和合口呼相拼限于u),不能和撮口呼韵母相拼。

第二,g、k、h,zh、ch、sh、r,z、c、s这三组声母能和开口呼、合口呼韵母相拼,不能和齐齿呼、撮口呼韵母相拼。

第三,j、q、x和上述三组声母相反,只能和齐齿呼、撮口呼韵母相拼,不能和开口呼、合口呼韵母相拼。

第四,n、l、零声母和四呼都能相拼。

掌握这些规律可以避免拼写上的一些错误。例如,知道j、q、x不能和开口呼韵母相拼,就不会把"尖"jiān误拼为jān;知道b、p、m、f和合口呼韵母相拼只限于韵母u,就不会把"波"bō误拼为buō。

三、音节的拼读

拼读就是按照普通话音节的构成规律,把声母、韵母、声调组合成有声音节的过程。拼读方法有两拼法、三拼法和声介合拼法。

(1) 两拼法:把音节分为声母、韵母两个部分进行拼读。

(2) 三拼法:把音节分成声母、韵头、韵腹三个部分进行拼读,这种方法只适用于有介音的音节。

(3) 声介合拼法:先把声母和介音i、u、ü拼合成一个整体,然后与后面的韵母相拼合。这种方法只适用于有介音的音节。

第二节　声　母

一、什么是声母

声母,是使用在韵母前面的辅音,跟韵母一齐构成一个完整的音节。其他汉藏语系语言也有类似的结构。一般由辅音充当,即首辅音。

辅音的主要特点是发音时气流在口腔中要分别受到各种阻碍,因此可以说,声母发音的过程也就是气流受阻和克服阻碍的过程。声母通常响度较低,不可任意延长,而且不用于押韵。

二、声母的分类

1. 按发音部位分类

发音部位,即发音时发音器官构成阻碍的部位。按发音部位分,声母可分为以下几类:

(1) 双唇音:b、p、m(3个)。

(2) 唇齿音:f(1个)。

(3) 舌尖前音:z、c、s(3个)。

(4) 舌尖中音:d、t、n、l(4个)。

(5) 舌尖后音:zh、ch、sh、r(4个)。

(6) 舌面音:j、q、x(3个)。

(7) 舌根音:g、k、h(3个)。

2. 按发音方法分类

发音方法,即发音时喉头、口腔和鼻腔节制气流的方式和状况,包括三个方面:

(1) 阻碍方式。按阻碍方式的不同,声母可分为:

① 塞音：b、p、d、t、g、k(6个)。
② 塞擦音：z、c、zh、ch、j、q(6个)。
③ 擦音：f、h、s、sh、r、x(6个)。
④ 鼻音：m、n(2个)。
⑤ 边音：l(1个)。

(2) 声带是否颤动。按声带是否颤动，声母可分为：
① 清音(不颤动)：b、p、f、d、t、g、k、h、j、q、x、z、c、x、zh、ch、sh(17个)。
② 浊音(颤动)：m、n、l、r(4个)。

(3) 气流的强弱。按气流的强弱，声母可分为：
① 送气音：p、t、k、c、ch、q(6个)。
② 不送气音：b、d、g、z、zh、j(6个)。

21个辅音声母可以从发音部位和三种发音方法这四个方面去描述(见表3-3)，将这四个方面综合起来，就形成各个声母的"名称"。其公式：名称 = 部位 + 气流 + 声带 + 阻碍方式。如：b，双唇不送气清塞音；p，双唇送气清塞音；m，双唇浊鼻音；f，唇齿清擦音。

表3-3 普通话辅音声母总表

发音方法 \ 发音部位		唇音		舌尖前音	舌尖中音	舌尖后音	舌面音	舌根音
		双唇音	唇齿音					
		上唇 下唇	上齿 下齿	舌尖 齿背	舌尖 上齿龈	舌尖	舌面前	舌根 软腭
塞音	清音	不送气音	b			d			g
		送气音	p			t			k
塞擦音	清音	不送气音			z		zh	j	
		送气音			c		ch	q	
擦音	清音			f	s		sh	x	h
	浊音						r		
鼻音	浊音		m			n			
边音	浊音					l			

三、声母发音方法分析

1. 双唇音 b、p、m 和唇齿音 f

双唇音，就是利用双唇闭合这样的阻碍发出的辅音。

在发b时，双唇闭合，软腭上升，气流因通路被完全封闭而积蓄起来，然后双唇打开，气流脱口而出，爆发成声。声带不振动。发p的阻碍部位和发音方式与发b同，只是在发p时，冲出的气流比发b时要强许多。

在发m时，双唇闭合，封闭气流的口腔通路，软腭下垂，气流从鼻腔泄出，同时振动声带成声。

在发 f 时,上齿与下唇相接,软腭上升,让气流从唇齿间的窄缝中泄出,摩擦成声。声带不振动。

2. **舌尖中音 d、t、n 和 l**

舌尖可以上翘,抵在上腭的不同部位,造成不同的阻碍。其中,利用舌尖抵在上齿龈这样的阻碍发出的辅音,叫作舌尖中音。

在发 d 时,舌尖抵住上齿龈,软腭上升,气流因通路被完全封闭而积蓄起来,然后舌尖离开上齿龈,气流迸发而出,爆发成声。声带不振动。发 t 的阻碍部位和发音方式与发 d 同,只是在发 t 时,冲出的气流比发 d 时要强许多。

在发 n 时,舌尖抵住上齿龈,封闭气流的口腔通路,软腭下垂,气流从鼻腔泄出,同时振动声带成声。n 是舌尖中浊鼻音。

在发 l 时,舌尖抵住上齿龈,轻腭上升,然后让气从舌头与两颊内侧的空隙间流出,同时振动声带成声。以这样的方法发音的 l 叫作边音。l 是舌尖中浊边音。

3. **舌根音 g、k、r、h 及 -ng**

舌根音,就是利用舌根隆起抵住软腭这样的阻碍发出的辅音。

在发 g 时,软腭上升,舌根隆起抵住软腭,气流因通路被完全封闭而积蓄起来,然后舌根下降,脱离软腭,气流迸发而出,爆发成声。声带不振动。发 k 的阻碍部位和发音方式与发 g 同,只是在发 k 时,冲出的气流比发 g 时要强许多。

在发 h 时,软腭上升,挡住气流的鼻腔通路,舌根隆起,与软腭之间形成一个窄缝,气流从窄缝中泄出,摩擦成声。声带不振动。h 是舌根清擦音。

在发 -ng 时,软腭下垂,舌根隆起抵住软腭,封闭气流的口腔通路,气流从鼻腔泄出,同时振动声带成声。-ng 是舌根浊鼻音。在普通话中,-ng 不是声母,仅作为后鼻韵母的韵尾。

在一些方言中,h 与 f 会相混;学习普通话,要注意区分这两个音。

4. **舌面前音 j、q 和 x**

在发 j 时,舌面前部抵住硬腭前部,软腭上升,气流因通路被完全封闭而积蓄起来,然后舌面前部微离硬腭,形成一个窄缝,气流从窄缝中泄出,摩擦成声。声带不振动。发 q 的阻碍部位和发音方式与发 j 同,只是在发 q 时,冲出的气流比发 j 时要强许多。

在发 x 时,舌面前部靠近硬腭前部,形成一个窄缝,软腭上升,气流从舌面与硬腭间的窄缝里挤出,摩擦成声。声带不振动。可见 x 的发音部位和 j、q 相同,但它的发音方式没有塞的成分,是纯粹的擦音。因此,x 是舌面前清擦音。

5. **舌尖后音 zh、ch、sh 和 r**

舌尖后音,就是利用舌尖抵住硬腭前部这样的阻碍发出的辅音。硬腭前部比起上齿龈来,位置靠后(靠近咽喉),因此相较于利用舌尖抵住上齿龈的舌尖中音,这类音就叫舌尖后音。

在发 zh 时,舌尖翘起,抵住硬腭前部,软腭上升,气流因通路完全封闭而积蓄起来。然后舌尖微离硬腭,形成一个窄缝,气流从窄缝中泄出,摩擦成声。声带不振动。发 ch 的阻碍部位和发音方式与发 zh 同,只是在发 ch 时,冲出的气流比发 zh 时要强许多。

在发 sh 时,舌尖翘起,接近硬腭前部,在舌尖与硬腭之间留有一个窄缝,软腭上升,气流从舌尖与硬腭间的窄缝里挤出,摩擦成声。声带不振动。发 r 的阻碍部位和发音方式与发 sh 同,只是在发 r 时,声带要振动。sh 是舌尖后清擦音,r 是舌尖后浊擦音。

由于发舌尖后音时,舌尖要上翘起,仿佛是向后卷,因此舌尖后音 zh、ch、sh、r 通常又叫作卷舌音。

6. 舌尖前音 z、c 和 s

舌尖前音,就是利用舌尖抵住上门齿背这样的阻碍发出的辅音。上门齿背比起上齿龈来,位置靠前(靠近双唇),因此相较于利用舌尖抵住上齿龈的舌尖中音,这类音就叫舌尖前音。

在发 z 时,舌尖抵住上门齿背,软腭上升,气流因通路被完全封闭而积蓄起来。然后舌尖微离上齿背,形成一个窄缝,气流从窄缝中泄出,摩擦成声。声带不振动。发 c 的阻碍部位和发音方式与发 z 同,只是在发 c 时,冲出的气流比发 z 时要强许多。z 是舌尖前不送气清塞擦音,c 是舌尖前送气清塞擦音。

在发 s 时,舌尖接近上门齿背,形成一个窄缝,软腭上升,气流从窄缝中泄出,摩擦成声。声带不振动。s 是舌尖前清擦音。

由于发舌尖前音时,舌尖要前伸,上翘的姿势不明显,舌面平直,因此舌尖前音 z、c、s 通常又叫作平舌音。在许多方言中,卷舌音和平舌音不分,甚至这两类音和舌面前音 j、q、x 也不分。学习普通话,要特别注意这三类音的区分。

在发以上各音时,软腭的位置也是不可忽视的。软腭上升,是为了堵住气流的鼻腔通道;软腭下垂,是为了堵住气流的口腔通道。如果软腭的位置不好,气流总是同时从鼻腔和口腔中泄出,发出的音就不是标准的普通话声母。

四、声母的辨正

1. n 和 l

普通话中的 n 和 l 是对立的音位,分得很清楚,但是在很多方言区中,n 和 l 是不分的。对于那些 n、l 不分的方言区来说,学习起来比较困难一点,首先要读准 n 和 l,然后要知道哪些字的声母是 n,哪些字的声母是 l,这需要有个记忆的过程。

发 n 音时,舌尖抵住上齿龈,软腭下降,打开鼻腔通路,气流振动声带,从鼻腔中通过。如"能耐""泥泞"的声母。

发 l 音时,舌尖抵住上齿龈,软腭上升,堵塞鼻腔通路,气流振动声带,从舌头两边通过。如"玲珑""嘹亮"的声母。

由于发 n 音时,气流从鼻腔通过,所以发出的声音带有"鼻音",而在发 l 音时要注意舌头的动作,即在发音前,舌头向上卷,发音时,舌头伸平,不带有鼻音,即使用手捏住鼻子也能发音。

◎ [发音训练]

1. n 和 l 对比辨音练习。

无赖(lài)—无奈(nài)	水牛(niú)—水流 liú	旅(lǚ)客—女(nǚ)客
脑(nǎo)子—老(lǎo)子	留念(niàn)—留恋(liàn)	浓(nóng)重—隆(lóng)重
南(nán)部—蓝(lán)布	烂泥(ní)—烂梨(lí)	牛(niú)黄—硫(liú)磺
大娘(niáng)—大梁(liáng)	男(nán)裤—蓝(lán)裤	连(lián)夜—年(nián)夜

2. 读准 n 和 l。

联络(liánluò)	哪里(nǎlǐ)	纳凉(nàliáng)	呢喃(nínán)
奶酪(nǎilào)	脑力(nǎolì)	男女(nánnǚ)	内涝(nèilào)
能力(nénglì)	履历(lǚlì)	来年(láinián)	老农(lǎonóng)
理论(lǐlùn)	冷暖(lěngnuǎn)	流脑(liúnǎo)	流露(liúlù)
留念(liúniàn)	岭南(lǐngnán)	老练(lǎoliàn)	牛奶(niúnǎi)
恼怒(nǎonù)	拉力(lālì)	扭捏(niǔniē)	能耐(néngnài)

3. 绕口令。

刘大娘地里种南瓜,牛大娘园里种兰花。南瓜黄,兰花香,不知两样你爱哪样。老龙恼怒闹老农,老农恼怒闹老龙,龙怒龙恼农更怒,龙闹农怒龙怕农。

2. zh、ch、sh 和 z、c、s

由于发声母 zh、ch、sh 的时候,舌尖上翘,所以又叫翘舌音;发声母 z、c、s 的时候,舌尖平伸,所以又叫平舌音。全国很多方言区都有平翘舌不分的现象,如"开始"读成"开死"。学习平翘舌声母时同样要知道哪些字发平舌音,哪些字发翘舌音。

zh 发音时,舌尖上翘,抵住硬腭前部,软腭上升,堵塞鼻腔通路,声带不颤动,较弱的气流把阻碍冲开一条窄缝,从窄缝中挤出,摩擦成声。

z 发音时,舌尖平伸,抵住上齿背,软腭上升,堵塞鼻腔通路,声带不颤动,较弱的气流把阻碍冲开一条窄缝,从窄缝中挤出,摩擦成声。

◎ [发音训练]

1. zh、ch、sh 和 z、c、s 对比辨音练习。

自(zì)愿—志(zhì)愿	鱼刺(cì)—鱼翅(chì)	私(sī)人—诗(shī)人
仿造(zào)—仿照(zhào)	粗(cū)布—初(chū)步	姿(zī)势—知(zhī)识
新春(chūn)—新村(cūn)	宗(zōng)旨—中(zhōng)止	自(zì)动—制(zhì)动
资(zī)助—支(zhī)柱	物资(zī)—物质(zhì)	搜(sōu)集—收(shōu)集近
似(sì)—近视(shì)	增(zēng)订—征(zhēng)订	从(cóng)来—重(chóng)来

支(zhī)援—资(zī)源　　主(zhǔ)力—阻(zǔ)力　　木柴(chái)—木材(cái)
商(shāng)业—桑(sāng)叶　申诉(sù)—申述(shù)　摘(zhāi)花—栽(zāi)花　午睡(shuì)—五岁(suì)　　八成(chéng)—八层(céng)　树(shù)立—肃(sù)立
找(zhǎo)到—早(zǎo)到　乱吵(chǎo)—乱草(cǎo)　山(shān)顶—三(sān)顶

2. 读准舌尖后音 zh、ch、sh 和舌尖前音 z、c、s。

振作(zhènzuò)	正宗(zhèngzōng)	赈灾(zhènzāi)	职责(zhízé)
沼泽(zhǎozé)	制作(zhìzuò)	杂志(zázhì)	栽种(zāizhòng)
增长(zēngzhǎng)	资助(zīzhù)	自制(zìzhì)	自重(zìzhòng)
差错(chācuò)	陈醋(chéncù)	成材(chéngcái)	出操(chūcāo)
除草(chúcǎo)	储藏(chǔcáng)	财产(cáichǎn)	采茶(cǎichá)
残喘(cánchuǎn)	操场(cāochǎng)	磁场(cíchǎng)	促成(cùchéng)
上司(shàngsī)	哨所(shàosuǒ)	深思(shēnsī)	生死(shēngsǐ)
绳索(shéngsuǒ)	石笋(shísǔn)	散失(sànshī)	扫射(sǎoshè)
四声(sìshēng)	宿舍(sùshè)	随时(suíshí)	所属(suǒshǔ)

3. 绕口令。

报纸是报纸,刨子是刨子,报纸能包刨子不能包桌子,刨子能刨桌子不能刨报纸。

四是四,十是十,十四是十四,四十是四十,这些都是不同的数字,谁说十四是四十,或说四十是十四,轻者造成误会,重者耽误大事。

3. f 和 h

湘、赣、客家、闽、粤等方言都不能分清楚声母 f 和 h,北方方言、江淮方言及西南方言也存在 f 和 h 混读的现象。在学习时首先要注意 f 和 h 的发音,然后分清楚声母 f 和 h 相对应的字词。

　　f 发音时,下唇接近上齿,形成窄缝,气流从唇齿间摩擦出来,声带不颤动。

　　h 发音时,舌根接近软腭,留出窄缝,软腭上升,堵塞鼻腔通路,声带不颤动,气流从窄缝中摩擦出来。

◎ [发音训练]

1. f 和 h 对比辨音练习。

舅父(fù)—救护(hù)　　　　　公费(fèi)—工会(huì)
附(fù)注—互(hù)助　　　　　仿佛(fǎngfú)—恍惚(huǎnghū)
防(fáng)虫—蝗(huáng)虫　　斧(fǔ)头—虎(hǔ)头
飞(fēi)机—灰(huī)鸡　　　　奋(fèn)战—混(hùn)战
非凡(fēifán)—辉煌(huīhuáng)　复(fù)员—互(hù)援
方(fāng)地—荒(huāng)地　　防(fáng)止—黄(huáng)纸

2. 读准f和h。

发话(fāhuà)　　发慌(fāhuāng)　　反悔(fǎnhuǐ)　　复合(fùhé)
混纺(hùnfǎng)　　后方(hòufāng)　　化肥(huàféi)　　洪峰(hóngfēng)
繁华(fánhuá)　　画符(huàfú)　　　花粉(huāfěn)　　丰厚(fēnghòu)

3. 绕口令。

　　丰丰和芳芳,上街买混纺。红混纺,粉混纺,黄混纺,灰混纺,红花混纺做裙子,粉花混纺做衣裳。红、粉、灰、黄花样多,五颜六色好混纺。

4. zh、ch、sh和j、q、x及尖音介绍

　　粤方言、闽方言、湘方言及吴方言会出现声母zh、ch、sh与j、q、x混用的情况,如把"知道"读成"机道","少数"读成"小数"等。

　　北方方言、吴方言及湘方言区中的一些人,常把j、q、x发成z、c、s,把团音(即声母j、q、x跟i、ü或以i、ü起头的韵母相拼)发成尖音(即声母z、c、s跟i、ü或以i、ü起头的韵母相拼)。如把"九(jiǔ)"读成"(ziǔ)",其实普通话中不分尖团。声母z、c、s不能和i、ü或i、ü起头的韵母相拼,而j、q、x则可以。产生这种错误的主要原因是舌面前音j、q、x是由舌面前部与硬腭形成阻碍而发声的,有些人在发音时,成阻、除阻的部位太靠近舌尖,发出的音带有"刺刺"的舌尖音的味道,属于语音缺陷。

◎ [发音训练]

1. zh、ch、sh和j、q、x对比辨音练习。

墨迹(jì)—墨汁(zhī)　　　　　　交际(jì)—交织(zhī)
边际(jì)—编制(zhì)　　　　　　就(jiù)业—昼(zhòu)夜
砖墙(qiáng)—专长(cháng)　　　洗(xǐ)礼—失(shī)礼
详细(xì)—翔实(shí)　　　　　　缺席(xí)—确实(shí)
获悉(xī)—获释(shì)　　　　　　逍(xiāo)遥—烧(shāo)窑
修(xiū)饰—收(shōu)拾　　　　　密集(jí)—密植(zhí)
电线(xiàn)—电扇(shàn)　　　　浅(qiǎn)明—阐(chǎn)明
艰辛(xīn)—艰深(shēn)　　　　　姓(xìng)名—盛(shèng)名

2. 读准下列各词。

缉私(jīsī)　　集资(jízī)　　其次(qícì)　　袖子(xiùzi)
下策(xiàcè)　　习字(xízì)　　戏词(xìcí)　　资金(zījīn)
字迹(zìjī)　　字据(zìjù)　　自己(zìjǐ)　　自觉(zìjué)
瓷器(cíqì)　　刺激(cìjī)　　思绪(sīxù)　　私交(sījiāo)
私情(sīqíng)　　私心(sīxīn)　　司机(sījī)　　丝线(sīxiàn)
四季(sìjì)　　剪除(jiǎnchú)　　精致(jīngzhì)　　趋势(qūshì)
消失(xiāoshī)　　秩序(zhìxù)　　沉寂(chénjì)　　深浅(shēnqiǎn)

| 审讯(shěnxùn) | 少将(shàojiàng) | 机器(jīqì) | 急切(jíqiè) |
| 军区(jūnqū) | 求救(qiújiù) | 迁就(qiānjiù) | 劝酒(quànjiǔ) |

3. 绕口令。

司机买雌鸡,仔细看雌鸡,四只小雌鸡,叽叽好欢喜,司机笑嘻嘻。

5. 读准零声母字

普通话一部分读零声母的字,如"鹅、爱、欧、袄、安"等在有些方言中读成了有声母的字,大致情况如下:

在读以 a、o、e 开头的零声母字时,常在前面加舌根鼻音 ng,如青岛人将"安"读成"ngan","欧"读成"ngou","恩"读成"ngen"。纠正时,只要去掉舌根鼻音 ng,直接发元音就行了。

普通话中合口呼的零声母字,有的方言读成了[v](唇齿浊擦音)声母,如"万、闻、物、尾、问"等字,在吴方言中读成[v]声母。这只要在发音时注意把双唇拢圆,不要让下唇和上齿接触,就可以改正了。

◎ [发音训练]

1. 零声母辨音练习。

爱(ài)心—耐(nài)心　　　　海岸(àn)—海难(nàn)
大义(yì)—大逆(nì)　　　　傲(ào)气—闹(nào)气
疑(yí)心—泥(ní)心　　　　语(yǔ)序—女(nǚ)婿
文(wén)风—门(mén)风　　　余味(wèi)—愚昧(mèi)
每晚(wǎn)—美满(mǎn)　　　纹(wén)路—门(mén)路
万(wàn)丈—慢(màn)帐　　　五味(wèi)—妩媚(mèi)

2. 读准零声母字词。

阿姨(āyí)	挨饿(ái'è)	昂扬(ángyáng)	熬药(áoyào)	偶尔(ǒu'ěr)
扼要(èyào)	压抑(yāyì)	沿用(yányòng)	演义(yǎnyì)	扬言(yángyán)
洋溢(yángyì)	谣言(yáoyán)	幽雅(yōuyǎ)	友谊(yǒuyì)	外围(wàiwéi)
忘我(wàngwǒ)	委婉(wěiwǎn)	万般(wànbān)	唯物(wéiwù)	无谓(wúwèi)

第三节 韵 母

一、什么是韵母

韵母是一个音节中除去声母的部分。韵母和元音不相等。普通话的韵母必须包含有响音,一般是元音。完全由元音构成的韵母有 23 个,约占韵母的 59%;由元音加上辅音构成的韵母(鼻韵母)有 16 个,约占韵母的 16%。可见,在普通话中,元音占有绝对的优势。元音发音比较响亮,与辅音声母相比,韵母没有呼读音。由一个元音构成的韵母称为单元音韵母,由两个或两个以上元音构成的称为复元音韵母。有的由元音加上鼻辅音 n 或 ng 构成。

普通话的韵母共有 39 个,数目比声母多,系统也比较复杂。

二、韵母的结构

一个韵母可以分成韵头(介音)、韵腹、韵尾三部分。

(1) 韵头又称介音,是韵腹前面起前导作用的部分,发音轻短,往往迅速带过;只有 i、u、ü 可以充当。

(2) 韵腹又称主要元音,是一个韵母发音的关键,是韵母发音过程时,口腔肌肉最紧张、发音最响亮的部分;由 a、o、e、ê 和-i(前)、u、ü、-i(后)、er 充当。

(3) 韵尾,可元音可辅音,是韵腹后面起收尾作用的部分,发音也比较模糊。一种叫鼻韵尾,有 n、ng 两个;另一种叫口韵尾,有 i、u。如"娘"(niáng)的韵母是 iang,其中 i 是韵头,a 是韵腹,ng 是韵尾。

每个韵母一定有韵腹,韵头和韵尾则可有可无。如"大"(dà)的韵母是 a,a 是韵腹,没有韵头、韵尾;"瓜"(guā)的韵母是 ua,其中 u 是韵头,a 是韵腹,没有韵尾;"刀"(dāo)的韵母是 ao,其中 a 是韵腹,o 是韵尾,没有韵头。

三、韵母的分类

(一) 按照内部成分和结构特点分类

可以把韵母分为单韵母、复韵母和鼻韵母。

1. 单韵母

由一个单元音构成的韵母叫单韵母,又叫单元音韵母。单元音韵母发音的特点是自始至终口形不变,舌位不移动。普通话中单元音韵母共有 10 个:a、o、e、ê、i、u、ü、-i(前)、-i(后)、er。

2. 复韵母

由两个或三个元音结合而成的韵母叫复韵母。普通话共有 13 个复韵母:ai、ei、ao、

ou、ia、ie、ua、uo、üe、iao、iou、uai、uei。复韵母的发音特点是从一个元音滑向另一个元音,在滑动的过程中,舌位、口形都逐渐变动而气流不中断,使发音过程成为一个整体。根据主要元音所处的位置,复韵母又可分为前响复韵母、中响复韵母和后响复韵母。双韵母是复韵母的特殊形式。

3. 鼻韵母

由一个或两个元音后面带上鼻辅音构成的韵母叫鼻韵母。鼻韵母共有 16 个:an、ian、uan、üan、en、in、uen、ün、ang、iang、uang、eng、ing、ueng、ong、iong。鼻韵母也有无韵头、有韵头之分。鼻韵母必须有韵腹。

(二) 根据韵头的有无和韵头的不同以及开头元音发音的口形不同分类

可以分为开口呼韵母、齐齿呼韵母、合口呼韵母和撮口呼韵母,简称"四呼"(见表3-4)。

1. 开口呼韵母

开口呼韵母即没有韵头,韵腹又不是 i、u、ü 的韵母,共有 15 个,分别是 a、o、e、ai、ei、ao、ou、an、en、ang、eng、ê、-i(前)、-i(后)、er。

2. 齐齿呼韵母

齐齿呼韵母即韵头或韵腹是 i 的韵母,共有 9 个,分别是 i、ia、ie、iao、iou、ian、in、iang、ing。

3. 合口呼韵母

合口呼韵母即韵头或韵腹是 u 的韵母,共有 10 个,分别是 u、ua、uo、uai、uei、uan、uen、uang、ueng、ong。

4. 撮口呼韵母

撮口呼韵母即韵头或韵腹是 ü 的韵母,共有 5 个,分别是 ü、üe、üan、ün、iong。

所有韵母中,除鼻韵母的韵尾是辅音外,其他的都是非鼻化元音。非鼻化元音的发音要点是软腭始终上升,堵住气流的鼻腔通道。如果软腭的位置不好,气流同时从鼻腔和口腔中泄出,发出的元音就成了鼻化元音。在普通话中,鼻化元音只有在儿化音节中才会出现。

表 3-4 普通话韵母分类总表

	开口呼	齐齿呼	合口呼	撮口呼
单韵母	-i	i	u	ü
	a	ia	ua	
	o		uo	
	e			
	ê	ie		üe
	er			

续表

	开口呼	齐齿呼	合口呼	撮口呼
复韵母	ai		uai	
	ei		uei	
	ao	iao		
	ou	iou		
鼻韵母	an	ian	uan	üan
	en	in	uen	ün
	ang	iang	uang	
	eng	ing	ueng	
			ong	iong

四、韵母的发音分析

下面分单韵母、复韵母和鼻韵母三类说明普通话的发音。

（一）单韵母的发音

单韵母发音器官图解：

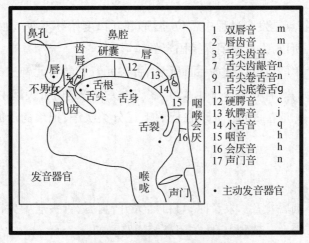

图 3-1　单韵母发音器官图

普通话中的单韵母都由单个元音构成。声带震颤造成音波,经过口腔时受到口腔形状变化的影响,形成不同的元音。口腔的形状是由舌位和唇形决定的。因此,单元音的发音,可以从舌位的前后、舌位的高低(升降)、唇形的圆展三个方面来分析。

舌位的前后:舌位指发音时舌面隆起部分的所在位置。发元音时舌头前伸,舌位在前,这时发出的元音叫前元音。普通话舌面元音里有两个前元音,就是 i、ü。发元音时,舌头后缩,舌位在后,这时发出的元音叫后元音。普通话舌面元音里有 3 个后元音,就是 o、e、u。发元音时,舌头不前不后,舌位居中,这时发出的元音叫央元音。普通话里有 1 个舌面央元音,就是 a。

舌位的高低:舌面抬高,和硬腭的距离达到最小时,发出的元音叫高元音。舌面降低,和硬腭的距离达到最大时,发出的元音叫低元音。由高元音到低元音的这段距离可以分为相等的四份,中间有三个点。舌位处在这三个点上时,发出的元音由上而下分别叫作半高元音、中元音和半低元音。普通话里有3个舌面高元音,分别是 i、u、ü,有两个半高元音,分别是 o、e,有1个低元音,就是 a。

唇形的圆展:唇形的圆展是指嘴唇形状的变化。唇形有各种变化,这里只把它分为"圆唇"和"不圆唇"两类。嘴唇收圆,发出的元音叫圆唇元音;嘴唇展开,发出的元音叫不圆唇元音。普通话的舌面元音里有3个圆唇元音,分别是 o、u、ü,有4个不圆唇元音,分别是 a、e、i、ê。

下面这个图是国际语音学会认定的元音舌位图。图形上宽下窄,表示舌头前后的活动范围上面大、下面小。图形前宽后窄,表示舌头高低的活动范围前头大、后头小。线上各个小圆点表示标准元音的坐标。前后两条竖线左边标示展唇音,右边标示圆唇音。

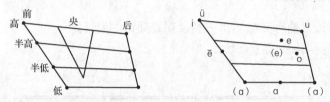

单韵母的发音特点是发音过程中舌位、唇形和开口度始终不变。如有一点变化,就不是纯正的单韵母了,所以,发音时要保持固定的口形。

普通话的10个单韵母可以分为舌面元音、舌尖元音和卷舌元音三类。舌面元音是由舌面起主要作用的元音,有 a、o、e、ê、i、u、ü 7个;舌尖元音是由舌尖起主要作用的元音,有 -i(前)、-i(后)2个;er 是卷舌元音。现在依照上述分类次序,把单韵母的发音情况作如下综合说明:

1. 舌面元音

(1) a

舌面、央、低、不圆唇元音。发音时,口自然大开,扁唇,舌头居中央,舌面中部略隆起,舌尖置下齿龈,声带振动。软腭上升,关闭鼻腔通路。如:

打靶(dǎbǎ)　　　大厦(dàshà)　　　发达(fādá)

马达(mǎdá)　　　喇叭(lǎba)　　　哪怕(nǎpà)

(2) o

舌面、后、半高、圆唇元音。发音时,口半闭,圆唇,舌头后缩,舌面后部略隆起,舌尖置下齿龈后,声带振动。软腭上升,关闭鼻腔通路。如:

伯伯(bóbo)　　　婆婆(pópo)　　　默默(mòmo)

泼墨(pōmò)　　　薄膜(bómó)　　　馍馍(mómo)

(3) e

舌面、后、半高、不圆唇元音。发音时,口半闭,扁唇,舌头后缩,舌面后部略隆起,舌面

两边微卷,舌面中部稍凹,舌尖置于下齿龈后,嘴角向两边微展,声带振动。软腭上升,关闭鼻腔通路。如:

隔阂(géhé)　　　　合格(hégé)　　　　客车(kèchē)
特色(tèsè)　　　　折射(zhéshè)　　　这个(zhège)

(4) ê

舌面、前、半低、不圆唇元音。发音时,口自然打开,扁唇,舌头前伸,舌面前部略隆起,舌尖抵住下齿背,嘴角向两边微展,声带振动。软腭上升,关闭鼻腔通路。在普通话中,ê只在语气词"欸"中单用。ê 不与任何辅音声母相拼,只构成复韵母 ie、üe,并在书写时省去上面的附加符号"^"。如:

告别(gàobié)　　　感谢(gǎnxiè)　　　夜晚(yèwǎn)
消灭(xiāomiè)　　　坚决(jiānjué)　　　省略(shěnglüè)

(5) i

舌面、前、高、不圆唇元音。发音时,口微开,扁唇,上下齿相对,舌头前伸,舌面前部略隆起,舌尖抵住下齿背,嘴角向两边微展,声带振动。软腭上升,关闭鼻腔通路。如:

笔记(bǐjì)　　　　激励(jīlì)　　　　基地(jīdì)
记忆(jìyì)　　　　霹雳(pīlì)　　　　习题(xítí)

(6) u

舌面、后、高、圆唇元音。发音时,口微开,圆唇,舌头后缩,舌面后部高度隆起和软腭相对,舌尖置下齿龈后,声带振动。软腭上升,关闭鼻腔通路。如:

补助(bǔzhù)　　　读物(dúwù)　　　辜负(gūfù)
瀑布(pùbù)　　　入伍(rùwǔ)　　　疏忽(shūhū)

(7) ü

舌面、前、高、圆唇元音。发音时,口微开,圆唇(近椭圆)略向前突,舌头前伸,舌面前部略隆起,舌尖抵住下齿背,声带振动。软腭上升,关闭鼻腔通路。如:

聚居(jùjū)　　　　区域(qūyù)　　　　屈居(qūjū)
须臾(xūyú)　　　　序曲(xùqǔ)　　　　语序(yǔxù)

2. 舌尖元音

(8) -i(前)

舌尖、前、高、不圆唇元音。发音时,口微开,扁唇,嘴角向两边展开,舌头平伸,舌尖靠近上齿背,声带振动。软腭上升,关闭鼻腔通路。z、c、s 的发音拉长,拉长的部分即是-i(前)的读音。如:

私自(sīzì)　　　　此次(cǐcì)　　　　次子(cìzǐ)
字词(zìcí)　　　　自私(zìsī)　　　　孜孜(zīzī)

(9) -i(后)

舌尖、后、高、不圆唇元音。发音时,口微开,扁唇,嘴角向两边展开,舌尖上翘,靠近硬腭前部,声带振动。软腭上升,关闭鼻腔通路。zh、ch、sh 的发音拉长,拉长的部分即是

-i(后)的读音。如：

实施(shíshī)　　　　支持(zhīchí)　　　　知识(zhīshi)
制止(zhìzhǐ)　　　　值日(zhírì)　　　　试制(shìzhì)

汉语拼音方案用同一个字母i，代表舌面i、舌尖前i、舌尖后i等三个韵母，并不会发生混淆，因为它们出现的条件不同：舌面韵母i不出现在z、c、s和zh、ch、sh、r之后；舌尖前i只出现在z、c、s之后；舌尖后i只出现在zh、ch、sh、r之后。

3. 卷舌元音

(10) er

卷舌、央、中、不圆唇元音。er是在e的基础上加上卷舌动作而成。发音时，口腔自然打开(是a的开口度的一半)，扁唇，舌头居中央，舌尖向硬腭中部上卷(但不接触)，声带振动。软腭上升，关闭鼻腔通路。如：

而且(érqiě)　　　　儿歌(érgē)　　　　耳朵(ěrduo)
二胡(èrhú)　　　　二十(èrshí)　　　　儿童(értóng)

(二) 复韵母的发音

复韵母是由两个或三个元音组成的韵母。复韵母的发音有两个特点：一是元音之间没有明显的界限，整个过程是从一个元音滑向另一个元音。二是各元音的发音响度不同，主要元音的发音口腔开口度最大，声音最响亮，持续时间最长，其他元音发音轻短或含混模糊。响度大的元音在前的，叫前响复韵母；响度大的元音在后的，叫后响复韵母；响度大的元音在中间的，叫中响复韵母。

1. 前响复韵母

前响复韵母指主要元音处在前面的复韵母，普通话中的前响复韵母有四个：ai、ao、ei、ou。发音时，开头的元音清晰响亮、时间较长，后头的元音含混模糊，音值不太固定，只表示舌位滑动的方向。

(1) ai

发音时，a是比单元音a舌位靠前的前低不圆唇元音。发a时，口大开，扁唇，舌面前部略隆起，舌尖抵住下齿背，声带振动。发ai时，a清晰响亮，后头元音i含混模糊，只表示舌位滑动的方向。如：

爱戴(àidài)　　　　采摘(cǎizhāi)　　　　海带(hǎidài)
开采(kāicǎi)　　　　拍卖(pāimài)　　　　灾害(zāihài)

(2) ao

发音时，a是比单元音a舌位靠后的后低不圆唇元音。发a时，口大开，扁唇，舌头后缩，舌面后部略隆起，声带振动。发ao时，a清晰响亮，后头的元音o舌位状态接近单元音u(拼写作o，实际发音接近u)，但舌位略低，只表示舌位滑动的方向。如：

懊恼(àonǎo)　　　　操劳(cāoláo)　　　　高潮(gāocháo)
骚扰(sāorǎo)　　　　逃跑(táopǎo)　　　　早操(zǎocāo)

(3) ei

发音时,起点元音是前半高不圆唇元音 e,实际发音舌位略靠后靠下,接近央元音[ə]。发 ei 时,开头的元音 e 清晰响亮,舌尖抵住下齿背,使舌面前部隆起与硬腭中部相对。从 e 开始舌位升高,向 i 的方向往前高滑动,i 的发音含混模糊,只表示舌位滑动的方向。如:

肥美(féiměi)　　　　妹妹(mèimei)　　　　配备(pèibèi)
蓓蕾(bèilěi)

(4) ou

发音时,起点元音 o 比单元音 o 的舌位略高、略前,唇形略圆。发音时,开头的元音 o 清晰响亮,舌位向 u 的方向滑动,u 的发音含混模糊,只表示舌位滑动的方向。ou 是普通话复韵母中动程最短的复合元音。如:

丑陋(chǒulòu)　　　兜售(dōushòu)　　　口头(kǒutóu)
漏斗(lòudǒu)　　　收购(shōugòu)　　　喉头(hóutóu)

2. 后响复韵母

后响复韵母是指主要元音处在后面的复韵母。普通话中的后响复韵母有 5 个:ia、ie、ua、uo、üe。它们发音的特点是舌位由高向低滑动,收尾的元音响亮清晰,在韵母中处在韵腹的位置。而开头的元音都是高元音 i-、u-、ü-,它们处在韵母的韵头位置,发音轻短,只表示舌位滑动的方向。

(1) ia

发音时,从前高元音 i 开始,舌位滑向央低元音 a 结束。i 的发音较短,a 的发音响亮而且时间较长。如:

假牙(jiǎyá)　　　　恰恰(qiàqià)　　　　压价(yājià)
下家(xiàjiā)

(2) ie

发音时,从前高元音 i 开始,舌位滑向前半低元音 ê 结束。i 发音较短,ê 发音响亮而且时间较长。如:

结业(jiéyè)　　　　贴切(tiēqiè)　　　　铁屑(tiěxiè)
谢谢(xièxie)

(3) ua

发音时,从后高圆唇元音 u 开始,舌位滑向央低元音 a 结束。唇形由最圆逐步展开到不圆。u 发音较短,a 的发音响亮而且时间较长。如:

挂花(guàhuā)　　　耍滑(shuǎhuá)　　　娃娃(wáwa)
画画(huàhuà)

④ uo

由圆唇后元音复合而成。发音时,从后高元音 u 开始,舌位向下滑到后半高元音 o 结束。发音过程中,唇形保持圆唇,开头最圆,结尾圆唇度略减。u 发音较短,o 的发音响亮而且时间较长。如:

错落(cuòluò)　　　硕果(shuòguǒ)　　　脱落(tuōluò)

阔绰(kuòchuò)　　　　骆驼(luòtuo)

⑤ üe

由前元音复合而成。发音时,从圆唇的前高元音 ü 开始,舌位下滑到前半低元音 ê,唇形由圆到不圆。ü 的发音时间较短,ê 的发音响亮而且时间较长。如:

雀跃(quèyuè)　　　　约略(yuēlüè)　　　　雪月(xuěyuè)

3. 中响复韵母

中响复韵母是指主要元音处在中间的复韵母。普通话中的中响复韵母共有 4 个:iao、iou、uai、uei。这些韵母发音的特点是舌位由高向低滑动,再从低向高滑动。开头的元音发音不响亮、较短促,只表示舌位滑动的开始,中间的元音清晰响亮,收尾的元音轻短模糊,音值不太固定,只表示舌位滑动的方向。

(1) iao

发音时,由前高不圆唇元音 i 开始,舌位降至后低元音 a,唇形从中间的元音 a 开始由不圆唇变为圆唇。如:

吊销(diàoxiāo)　　　　疗效(liáoxiào)　　　　巧妙(qiǎomiào)

调料(tiáoliào)　　　　逍遥(xiāoyáo)　　　　苗条(miáotiao)

(2) iou

发音时,由前高不圆唇元音 i 开始,舌位后移且降至后半高元音,然后再向后高圆唇元音 u 的方向滑升。发音过程中,舌位先降后升,由前到后。唇形由不圆唇开始到后元音 o 时,逐渐圆唇。如:

久留(jiǔliú)　　　　求救(qiújiù)　　　　绣球(xiùqiú)

优秀(yōuxiù)　　　　悠久(yōujiǔ)　　　　牛油(niúyóu)

(3) uai

发音时,由圆唇的后高元音 u 开始,舌位向前滑降到前低不圆唇元音 a(即"前 a"),然后再向前高不圆唇元音 i 的方向滑升。舌位动程先降后升,由后到前。唇形从最圆开始,逐渐减弱圆唇度,至发前元音 a 始渐变为不圆唇。如:

外快(wàikuài)　　　　怀揣(huáichuāi)　　　　乖乖(guāiguai)

摔坏(shuāihuài)

(4) uei

发音时,由后高圆唇元音 u 开始,舌位向前向下滑到前半高不圆唇元音 e 的位置,然后再向前高不圆唇元音 i 的方向滑升。发音过程中,舌位先降后升,由后到前。唇形从最圆开始,随着舌位的前移,渐变为不圆唇。如:

垂危(chuíwēi)　　　　归队(guīduì)　　　　悔罪(huǐzuì)

追悔(zhuīhuǐ)　　　　荟萃(huìcuì)　　　　推诿(tuīwěi)

(三) 鼻韵母的发音

鼻韵母指带有鼻辅音的韵母,又叫鼻音尾韵母。鼻韵母的发音有两个特点:一是元音同后面的鼻辅音不是生硬地结合在一起,而是有机的统一体。发音时,逐渐由元音向鼻辅音过渡,逐渐增加鼻音色彩,最后形成鼻辅音。二是除阻阶段作韵尾的鼻辅音不发音,所以又叫唯闭音。鼻韵母的发音不是以鼻辅音为主,而是以元音为主,元音清晰响亮,鼻辅音重在做出发音状态,发音不太明显。

1. 前鼻音尾韵母

前鼻音尾韵母指的是鼻韵母中以-n为韵尾的韵母。普通话中的前鼻音尾韵母有8个：an、en、in、un、ian、uan、üan、uen。韵尾-n的发音部位比声母n-的位置略微靠后,一般是舌面前部向硬腭接触。

（1）an

发音时,起点元音是前低不圆唇元音a,舌尖抵住下齿背,舌位降到最低,软腭上升,关闭鼻腔通路。口形由开到合,舌位移动较大。如：

参战（cānzhàn）　　反感（fǎngǎn）　　烂漫（lànmàn）
谈判（tánpàn）　　坦然（tǎnrán）　　赞叹（zàntàn）

（2）en

发音时,起点元音是央元音e,舌位中性(不高不低不前不后),舌尖接触下齿背,舌面隆起部位受韵尾影响略靠前。口形由开到闭,舌位移动较小。如：

根本（gēnběn）　　门诊（ménzhěn）　　人参（rénshēn）
认真（rènzhēn）　　深沉（shēnchén）　　振奋（zhènfèn）

（3）in

发音时,起点元音是前高不圆唇元音i,舌尖抵住下齿背,软腭上升,关闭鼻腔通路。从舌位最高的前元音i开始,舌面升高,舌面前部抵住硬腭前部,当两者将要接触时,软腭下降,打开鼻腔通路,紧接着舌面前部与硬腭前部闭合,使在口腔受到阻碍的气流从鼻腔透出。开口度几乎没有变化,舌位动程很小。如：

近邻（jìnlín）　　拼音（pīnyīn）　　信心（xìnxīn）
辛勤（xīnqín）　　引进（yǐnjìn）　　濒临（bīnlín）

（5）ün

发音时,起点元音是前高圆唇元音ü。与in的发音过程基本相同,只是唇形变化不同。从圆唇的前元音ü开始,唇形从圆唇逐步展开,而in的唇形始终是展唇。如：

军训（jūnxùn）　　均匀（jūnyún）　　芸芸（yúnyún）
群众（qúnzhòng）　　循环（xúnhuán）　　允许（yǔnxǔ）

（6）ian

发音时,从前高不圆唇元音i开始,舌位向前低元音a（前a）的方向滑降,舌位只降到半低前元音ê的位置就开始升高。如：

艰险（jiānxiǎn）　　简便（jiǎnbiàn）　　连篇（liánpiān）
前天（qiántiān）　　浅显（qiǎnxiǎn）　　田间（tiánjiān）

（7）uan

发音时,由圆唇的后高元音u开始,口形迅速由合口变为开口状,舌位向前迅速滑降到不圆唇的前低元音 a(前 a)的位置就开始升高。如：

贯穿(guànchuān)　　软缎(ruǎnduàn)　　酸软(suānruǎn)
婉转(wǎnzhuǎn)　　专款(zhuānkuǎn)

(8) üan

发音时,由圆唇的后高元音 ü 开始,向前低元音 a 的方向滑降。舌位只降到前半低元音 ê 略后的位置就开始升高。如：

源泉(yuánquán)　　轩辕(xuānyuán)　　涓涓(juānjuān)
圆圈(yuánquān)　　渊源(yuānyuán)

(9) uen

发音时,由圆唇的后高元音 u 开始,向央元音 e 的位置滑降,然后舌位升高。发 e 后,软腭下降,逐渐增强鼻音色彩,舌尖迅速移到上齿龈,最后抵住上齿龈做出发鼻音-n 的状态。唇形由圆唇在向中间折点元音滑动的过程中渐变为展唇。如：

昆仑(kūnlún)　　温存(wēncún)　　温顺(wēnshùn)
论文(lùnwén)　　馄饨(húntun)　　谆谆(zhūnzhūn)

《汉语拼音方案》规定,韵母 uen 和辅音声母相拼时,受声母和声调的影响,中间的元音(韵腹)产生弱化。写作 un,例如"论"写作 lùn,不作 luèn。

2. 后鼻音尾韵母

后鼻音尾韵母指的是鼻韵母中以-ng 为韵尾的韵母。普通话中的后鼻音尾韵母有 8 个：ang、eng、ing、ong、iang、uang、ueng、iong。发音时,软腭下降,关闭口腔,打开鼻腔通道,舌面后部后缩,并抵住软腭,气流颤动声带,从鼻腔通过。在鼻韵母中,同-n 的发音一样,-ng 除阻阶段也不发音。后鼻音尾韵母的发音中,韵头的发音比较轻短,韵腹的发音清晰响亮,韵尾的发音只做出发音状态。

(1) ang

发音时,起点元音是后低不圆唇元音 a(后 a),口大开,舌尖离开下齿背,舌头后缩。从"后 a"开始,舌面后部抬起,当贴近软腭时,软腭下降,打开鼻腔通路,紧接着舌根与软腭接触,封闭了口腔通路,气流从鼻腔里透出。如：

帮忙(bāngmáng)　　苍茫(cāngmáng)　　当场(dāngchǎng)
刚刚(gānggāng)　　商场(shāngchǎng)

(2) eng

发音时,起点元音是央元音 e。从 e 开始,舌面后部抬起,贴向软腭。当两者将要接触时,软腭下降,打开鼻腔通路,紧接着舌面后部抵住软腭,使在口腔受到阻碍的气流从鼻腔里透出。如：

承蒙(chéngméng)　　丰盛(fēngshèng)　　更正(gēngzhèng)
萌生(méngshēng)　　声称(shēngchēng)

(3) ing

发音时,起点元音是前高不圆唇元音 i,舌尖接触下齿背,舌面前部隆起。从 i 开始,舌面隆起部位不降低,一直后移,舌尖离开下齿背,逐步使舌面后部隆起,贴向软腭。当两者将要接触时,软腭下降,打开鼻腔通路,紧接着舌面后部抵住软腭,封闭口腔通路,气流从鼻腔透出。口形没有明显变化。如:

叮咛(dīngníng)　　　经营(jīngyíng)　　　命令(mìnglìng)
评定(píngdìng)　　　清静(qīngjìng)

(4) ong

发音时,起点元音是后高圆唇元音 u,但比 u 的舌位略低一点,舌尖离开下齿背,舌头后缩,舌面后部隆起,软腭上升,关闭鼻腔通路。唇形始终拢圆。如:

共同(gòngtóng)　　　轰动(hōngdòng)　　　空洞(kōngdòng)
隆重(lóngzhòng)　　　通融(tōngróng)

(5) iang

发音时,由前高不圆唇元音 i 开始,舌位向后滑降到后低元音 ɑ(后 ɑ),然后舌位升高。如:

两样(liǎngyàng)　　　洋相(yángxiàng)　　　响亮(xiǎngliàng)
长江(chángjiāng)　　　踉跄(liàngqiàng)

(6) uang

发音时,由圆唇的后高元音 u 开始,舌位滑降至后低元音 ɑ(后 ɑ),然后舌位升高。从后低元音 ɑ 开始,舌面后部贴向软腭。唇形从圆唇在向折点元音的滑动中渐变为展唇。如:

狂妄(kuángwàng)　　　双簧(shuānghuáng)　　　状况(zhuàngkuàng)
装潢(zhuānghuáng)

(7) ueng

发音时,由圆唇的后高元音 u 开始,舌位滑降到央元音 e 的位置,然后舌位升高。从央元音 e 开始,舌面后部贴向软腭。唇形从圆唇在向中间折点元音滑动过程中渐变为展唇。

在普通话里,韵母 ueng 只有一种零声母的音节形式:weng。如:

水瓮(shuǐwèng)　　　主人翁(zhǔrénwēng)　　　老翁(lǎowēng)
嗡嗡(wēngwēng)

(8) iong

发音时,起点元音是舌面前高圆唇元音 ü,发 ü 后,软腭下降,打开鼻腔通路,紧接着舌面后部抵住软腭,封闭口腔通路,气流从鼻腔里透出。为避免字母相混,《汉语拼音方案》规定,用字母 io 表示起点元音 ü,写作 iong。如:

炯炯(jiǒngjiǒng)　　　汹涌(xiōngyǒng)　　　穷困(qióngkùn)
窘境(jiǒngjìng)

五、韵母的辨正

（一）读准复韵母

普通话中的复合韵母比较丰富，共13个，占全部韵母的三分之一。有些方言元音韵尾比较少，如吴方言，就没有 ai、ei、ao、ou 这一类复韵母，而是把它们读成单韵母；同样 uai、uei、iao、iou 等复韵母中的 ai、ei、ao、ou 也作了相应的改变，念成了单元音。闽北方言、粤方言中有拿 ü 作为韵尾的复合元音韵母，如"崔""雷""水"等字。这种韵尾，在普通话里是没有的，应该注意纠正。

（二）防止丢失鼻音韵尾 n

普通话里带鼻音韵尾 n 的韵母，北方方言中的济南话、太原话、西安话以及昆明话等，念成了鼻化元音（发音时，软腭半升半降，气流同时从口腔和鼻腔里出来）；吴方言里的上海话、苏州话等，则完全丢掉了鼻音，念成单元音韵母或复元音韵母。这些地区的人学习普通话，必须掌握鼻音韵尾的发音，同时要弄清哪些字在普通话里是有鼻音韵尾的。

（三）分清鼻音韵尾 -n 和 -ng

普通话里的鼻音韵尾 -n 和 -ng 分得很清楚，如 an 和 ang，en 和 eng，in 和 ing，uan 和 uang，uen 和 ueng，有些方言却不能分辨。例如闽北方言就只有 -ng，没有 -n；吴方言和西南话大都能分别 an 和 ang，但不能分别 in 和 ing、en 和 eng；粤方言和客家方言除 -n、-ng 外，还有 -m 收尾的音节（如"三"读成 sam，这些方言区的人说普通话时，只要把收 -m 的音节改读成收 -n 就正确了）。这种混同现象，多数表现为 en 和 eng、in 和 ing 不分，an 和 ang、ian 和 iang、uan 和 uang 混同的比较少。分清普通话的 -n 和 -ng，也是学好普通话的一个关键。如何分清 -n 和 -ng 这两套鼻韵呢？除了要学会鼻尾音 -n 和 -ng 的发音外，还可以利用一些方法记住普通话中的哪些字属 -n 韵尾，哪些字属 -ng 韵尾。

（1）可以利用形声字偏旁类推。

（2）可以利用声韵配合规律帮助记忆。例如，普通话声母 d、t、n、l，除"嫩"（nèn）外，不与韵母 en 相拼。因此，方言中念 den、ten、nen、len 的字，一般都应改念 eng 韵。普通话中念 gen 的字只有少数几个，因此，方言中念 gen 的字，一般都应念 geng。z、c、s 和 en 组成音节，除"怎、岑、森"等少数几个字外，其余都应归入 eng 韵。普通话声母 d、t 不与 in 韵相拼，只与 ing 韵相拼，因此，凡方言中念 din、tin 的都应改念 ding、ting。

（四）分清 i 和 ü

普通话的 i 和 ü 分得很清楚，而有些方言（如闽方言、客家方言和属北方话区的西南一些地区）却没有单韵母 ü 和以 ü 起头的韵母。这些地区的人往往把 ü 念成 i，或 i 韵头。这些方言区的人学习普通话时，必须多练 ü 的发音，ü 是和 i 相对的圆唇元音，发好 i，舌位保持原样，只要把嘴唇撮圆就成了 ü。另外，还可以运用下面的一些方法记住有关的字。

1. 运用形声字偏旁类推

奇—qí 奇骑琦崎，yī 猗漪，yǐ 椅倚踦

俞—yú 俞渝愉睮逾榆瑜揄褕崳觎, yǔ 与雨, yù 谕喻愈
先—xiān 先酰, xiǎn 冼跣筅铣, xiàn 宪
宣—xuān 宣煊瑄萱喧揎暄, xuàn 渲楦碹

2. 运用记单边的方法记住一些字

例如,普通话中,音节 nüe 只有相应的两个汉字"虐"和"疟",而音节 nie 代表着"捏、苶、聂"等20多个字。音节 lüe 只有相应的"掠、略"等四个字,而音节 lie 却代表着十多个字。这样记住少的一边,其他的也就记住了。

（五）防止丢失韵头 i 或 u

普通话里的复合元音韵母和鼻音韵母字有许多是有韵头 i、u 的,而有些方言中没有,例如粤方言、客家方言、闽南方言、闽北方言、吴方言里没有 i 韵头。无韵头 i 与声母和韵腹的不同有直接关系,如"街",普通话读 jiē,方言区的人有读成 gāi 的,这时声母、韵尾、韵腹都改变了。普通话里 d、t、n、l、z、c、s 七个声母与 u 韵头相拼的字,在北方方言、吴方言的有些地方话却没有 u 韵头。这些方言区的人学习普通话,必须注意增加韵头。

六、韵母的训练

（一）单韵母练习

a—阿姨　阿斗　阿飞　阿毛　阿哥　把关　跋涉　罢工　霸主　扒开
o—波动　播种　剥削　博士　搏斗　薄弱　驳斥　泼辣　叵测　迫切
e—婀娜　阿谀　讹诈　额头　扼杀　恶劣　遏制　恶毒　恶果　恶霸
-i(后)—芝麻　支持　枝节　脂肪　知音　直径　植物　职业　指示　秩序
-i(前)—私自　孜孜　字词　四次　恣肆
er—儿童　儿戏　而且　耳目　耳语　尔后　迩来　二胡　二副　贰臣

（二）复韵母练习

1. 发音练习

an—暗含　参赞　单产　胆敢　反叛　翻版　难堪　散漫　贪婪　湛蓝
ei—肥美　非得　飞贼　配备　黑煤　贝类　妹妹　蓓蕾　违背　培训
ao—凹陷　熬心　敖包　熬煎　遨游　翱翔　傲慢　讨好　奥妙　懊恼
ou—讴歌　收购　口臭　丑陋　偶尔　筹谋　呕吐　兜售　绕道　暴躁
iao—吊桥　脚镣　教条　疗效　秒表　飘摇　调料　逍遥　小巧　窈窕
iou—优秀　舅舅　求救　久留　绣球　悠久　牛油　有救　有酒
uai—乖乖　怀揣　拐弯　衰弱　摔跤　拽住　歪曲　外表　衰弱
uei—归队　回味　悔罪　水位　推诿　尾随　追随　坠毁　荟萃
ia—家家　假牙　加价　恰恰　压价　家鸭　掐下　下家　下牙
ie—结业　姐姐　贴切　铁屑　趔趄　斜街　谢谢　爷爷
ua—娃娃　花褂　画画　耍滑　挂花　花袜　画花　哗哗　挂画

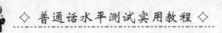

uo—错过 做作 错落 哆嗦 堕落 火锅 落座 懦弱 硕果
üe—雀跃 约略 确切 绝学 决裂 血液 月色 虐待 喜悦

2. 难点练习

(1) ai 和 ei 的区分

白费(báifèi)	败北(bàiběi)	代培(dàipéi)	败类(bàilèi)
海类(hǎilèi)	悲哀(bēiāi)	黑白(hēibái)	擂台(lèitái)
内海(nèihǎi)	内债(nèizhài)		

(2) ao 和 ou 的区分

保守(bǎoshǒu)	刀口(dāokǒu)	稿酬(gǎochóu)	毛豆(máodòu)
矛头(máotóu)	酬劳(chóuláo)	逗号(dòuhào)	漏勺(lòusháo)
柔道(róudào)	手套(shǒutào)		

(3) ia 和 ie 的区分

家业(jiāyè)	佳节(jiājié)	假借(jiǎjiè)	嫁接(jiàjiē)
接洽(jiēqià)	野鸭(yěyā)	截下(jiéxià)	跌价(diējià)

(4) ie 和 üe 的区分

解决(jiějué)	竭蹶(jiéjué)	谢绝(xièjué)	灭绝(mièjué)
月夜(yuèyè)	确切(quèqiè)	学业(xuéyè)	决裂(juéliè)

(5) ua 和 uo、o 的区分

花朵(huāduǒ)	话说(huàshuō)	划拨(huàbō)	华佗(huàtuó)
帛画(bóhuà)	国画(guóhuà)	火花(huǒhuā)	说话(shuōhuà)

(6) iao 和 iou 的区分

交流(jiāoliú)	娇羞(jiāoxiū)	料酒(liàojiǔ)	校友(xiàoyǒu)
要求(yāoqiú)	丢掉(diūdiào)	柳条(liǔtiáo)	牛角(niújiǎo)
袖标(xiùbiāo)	油条(yóutiáo)		

(7) uai 和 uei 的区分

怪罪(guàizuì)	快慰(kuàiwèi)	快嘴(kuàizuǐ)	衰退(shuāituì)
外汇(wàihuì)	对外(duìwài)	鬼怪(guǐguài)	追怀(zhuīhuái)
毁坏(huǐhuài)			

(三) 鼻韵母练习

1. 发音练习

an—安然 安装 安插 案头 按语 暗淡 暗杀 暗算 岸标 岸然
en—恩惠 恩情 恩赐 恩德 恩典 恩怨 恩泽 摁打 摁扣
in—濒临 近亲 贫民 辛勤 薪金
ün—军训 均匀 芸芸 俊俏 群众
ian—边沿 艰险 垫肩 偏见 绵延
uan—传唤 串换 贯穿 酸软 专款

uen—困顿 温存 谆谆 论文 馄饨
üan—涓涓 全权 渊源 源源 轩辕
ang—昂扬 肮脏 昂贵 昂藏 昂然 盎然
uang—双簧 往往 装潢 状况 网状 谎话
eng—更生 风筝 猛烈 增加 生产 逞能 乘风 丰收
ing—秉性 并行 领情 轻盈 命令 倾听
ong—动容 公众 轰动 红肿 恐龙
iong—汹涌 炯炯 穷尽 凶狠 凶器
ueng—嗡嗡 水瓮 老翁

2. 难点练习

分清前鼻韵母与后鼻韵母,关键是发准-n、-ng 这两个韵尾,掌握它们的发音部位。主要区别是:n 是"舌尖阻"鼻音,ng 是"舌根阻"鼻音,发声部位 n 在前,ng 在后;n 口形较闭,ng 口形微张;n 鼻中气息较轻,ng 鼻中气息较重。发前鼻韵母,收音时,舌尖一定要抵住上齿龈,上下齿较闭合。发后鼻韵母,收音时,舌尖一定要后缩,舌根抬起,抵住软腭,口微开,上下齿不闭合。发音时,除掌握发音要领外,可以在 ng 尾韵母音节后接"个"或 g、k、h 充当声母的音节,有利于发准后鼻韵母,如"帮个忙""等个人"或"慷慨""称呼"等双音节词。

(1) an 和 ang

an—贪 攀 男 惨 三
ang—胖 旁 忙 帐 汤
an、ang—烂—浪 赞—葬 翻—芳
an、ang—返航 南方 安放 赞赏
ang、an—畅谈 唐山 方案 当然

(2) en 和 eng

en—坟 跟 恨 镇 忍
eng—程 风 等 腾 能 扔
en、eng—神—绳 分—封 陈—成 真—蒸 痕—恒 根—耕
en、eng—奔腾 真正 人生 深耕
eng、en—诚恳 登门 缝纫 征文

(3) in 和 ing

in—林 秦 欣 音 您 濒
ing—顶 厅 凝 评 京 情
in、ing—金—晶 印—硬 民—名 新—兴 亲—氢 邻—零
in、ing—拼命 隐情 民兵 阴平
ing、in—病因 轻信 迎新 挺进

3. 对比练习

展览(zhǎnlǎn)—蟑螂(zhāngláng)　　短暂(duǎnzàn)—贪赃(tānzāng)
汗衫(hànshān)—航程(hángchéng)　　问津(wènjīn)—望京(wàngjīng)
认真(rènzhēn)—生成(shēngchéng)　　幸运(xìngyùn)—穷困(qióngkùn)
春风(chūnfēng)—纯净(chúnjìng)　　耕耘(gēngyún)—病菌(bìngjūn)
军港(jūngǎng)—窘况(jiǒngkuàng)　　应允(yīngyǔn)—应用(yìngyòng)
伦敦(lúndūn)—隆冬(lóngdōng)　　亲近(qīnjìn)—清静(qīngjìng)

(四) 绕口令练习

a	爸爸妈妈和莎莎搭车去长沙。	o	波波的婆婆默默帮波波磨墨。
e	哥哥骑车又热又渴想喝可乐。	i	迷你牌洗衣机最适宜洗皮衣。
u	姑姑住在书屋里看书不舒服。	ü	徐家女婿骑驴去区里买雨具。
ai	戴奶奶爱买翟奶奶卖的白菜。	ei	谁背煤谁累黑妹背煤黑妹累。
ui	崔辉玩水龟被水龟嘴咬了腿。	ao	毛毛发高烧误了高考真糟糕。
ou	瘦猴替瘦狗偷楼后钩上的肉。	iu	刘秋放了九头牛丢了六头牛。
ie	姐姐陪爷爷上街买鞋又买蟹。	üe	岳瘸子约薛瘸子穿靴去滑雪。
er	二叔二儿儿时二耳是招风耳。	an	小摊贩设摊卖蛋三年翻两番。
en	深圳的陈根做健身操很认真。	in	银银有信心跟金金学好拼音。
un	孙春豚蹲下身把滚轮滚了滚。	ün	云迅君有身孕参加军训头晕。
ang	缸厂厂长用缸厂缸装糖厂糖。	eng	老僧站在山顶冷风中扔板凳。
ing	歌星影星笑星都是荧屏明星。	ong	董荣从空中抓红虫放入桶中。

ai　三载同窗情如海,山伯难舍祝英台。相依相伴送下山,又向钱塘道上来。
ei　草木知春不久归,百般红紫斗芳菲。杨花榆荚无才思,惟解漫天做雪飞。
ve　梅雪争春未肯降,骚人搁笔费评章。梅须逊雪三分白,雪却输梅一段香。
ong　毕竟西湖六月中,风光不与四时同。接天莲叶无穷碧,映日荷花别样红。
i　远看芝麻撒地,近看黑驴运米。不怕山高道路陡,只怕跌进热锅里。
v　芜湖徐怀玉,出去屡次遇大雾。曲阜苏渔庐,上路五度遇大雨。

大和尚和小和尚　ang

和尚常常互相商量。大和尚讲小和尚强,小和尚讲大和尚长。小和尚煎姜汤让大和尚尝,大和尚奖赏小和尚檀香箱。

帆布黄　ang

长江里船帆布黄,船舱里放着一张床,床上躺着两位老大娘,她俩亲亲热热唠家常。

莲花灯　eng

莲花灯,莲花灯,今天点完明天扔。

敬母亲　in　ing

生身亲母亲,谨请您就寝,请您心宁静,身心很要紧。新星伴明月,银光澄清清,尽是清静境,警铃不要惊,您请我进来,进来敬母亲。

天上七颗星　ing

天上七颗星,树上七只鹰,梁上七只钉,台上七盏灯。拿扇煽了灯,用手拔了钉,举枪打了鹰,乌云盖了星。

杨家养了一只羊　iang

杨家养了一只羊,蒋家修了一垛墙。杨家的羊撞倒了蒋家的墙,蒋家的墙压倒了杨家的羊。杨家要蒋家赔杨家的羊,蒋家要杨家赔蒋家的墙。

望月空满天星　ing

望月空,满天星,光闪闪,亮晶晶,好像那,小银灯。仔细看,看分明,大大小小、密密麻麻、闪闪烁烁,数也数不清。

两只饭碗　uan

红饭碗,黄饭碗,红饭碗盛满饭碗。黄饭碗盛半饭碗,黄饭碗添半饭碗,像红饭碗一样满饭碗。

床船　uan　uang

床身长,船身长,床身船身不是一样长。

不是彩虹不是弓　ong

我家住在莲花峰,屋顶常年落彩虹,彩虹跨度三十里,越看越像一把弓。同志喂,这不是彩虹不是弓！而是那边渡槽架长空。

男演员女演员　uan

男演员,女演员,同台演戏说方言。男演员说吴语言,女演员说闽语言。

男演员演远东旅行飞行员,女演员演鲁迅文学研究员。

研究员,飞行员,吴语言,闽南言,你说男女演员演得全不全。

（五）综合练习

1.《登高》

风急天高猿啸哀,渚清沙白鸟飞回。无边落木萧萧下,不尽长江滚滚来。

万里悲秋常作客,百年多病独登台。艰难苦恨繁霜鬓,潦倒新停浊酒杯。

2.《面朝大海　春暖花开》

从明天起,做一个幸福的人,喂马,劈柴,周游世界。

从明天起,关心粮食和蔬菜,我有一所房子,面朝大海,春暖花开。

从明天起,和每一个人通信,告诉她们我的幸福,那幸福的闪电告诉我的,我将告诉每一个人。

给每一条河每一座山取一个温暖的名字,陌生人,我也为你祝福,愿你有一个灿烂的前程。愿你有情人终成眷属,愿你在尘世获得幸福。

我只愿面朝大海,春暖花开。

3.《再坚持一分钟》

爱·罗塞尼奥是第七届国际马拉松赛冠军。当他从领奖台上走下来的时候,有记者问他,是什么力量让他坚持到最后,跑在最前面？他想了想,就讲了一个自己的故事。

在上中学的时候,有一次他参加学校举办的10公里越野赛。开始,他跑得很轻松,慢慢地,他感觉有些跑不动了,汗流浃背,脚底发虚,很想停下来歇一歇,喝口水。这时,一辆校巴开了过来,校巴是专门在赛跑路线上接送那些跑不动或者受伤的学生的。他很想上车,但还是忍住了。

又跑了一段时间,他感到两眼模糊,胸口发紧,双腿灌铅似的沉重,停下来休息的愿望强烈地袭了上来。又一辆校巴开过来了,他迟疑了一下,还是压制住了他那极速膨胀的渴望,继续朝前跑。

不知又跑了多久,到了一个小山坡前,他感到眼冒金星,全身虚脱,两条腿似乎不再属于自己。他觉得现在要爬上眼前这个小小的山坡,对他来说绝不亚于攀登珠穆朗玛峰。他绝望了,不再坚持,当校巴再一次开过来的时候,他没有犹豫,上去了。

没想到的是,校巴开过那个小山坡一拐弯就到了终点。他后悔极了,要是再坚持一分钟,冲刺一下,就能越过小山坡,跑到终点,那是多么令人骄傲的事情啊!

从那以后,每次参加比赛,当感到自己跑不动、快要泄气的时候,他就不断地对自己说:"再坚持一分钟,快到终点了!"就这样,他一直跑到世界冠军的领奖台!

第四节 声 调

一、什么是声调

在汉语里,音高的升降能区别意义,这种能区别意义的音高升降叫作声调,又叫字调。例如普通话里的"山西"(shānxī)和"陕西"(shǎnxī)就是靠声调区别意义的。

声调的高低升降主要决定于音高,而音高的变化又是由发音时声带的松紧决定的。发音时,声带越紧,在一定时间内振动的次数越多,音高就越高;声带越松,在一定时间内振动的次数越少,音高就越低。在发音过程中,声带可以随时调整,有时可以一直绷紧,有时可以先放松后绷紧,或先绷紧后放松,有时松紧相间。这样造成的不同的音高的变化,就构成了不同的声调。

汉语的声调最重要的意义是可以区别意义,如果说话时没有声调,就无法准确表达出汉语的意义,也不能完整地标注汉语的语音。同时,声调还有区别词性以及产生韵律美等多方面的作用。对汉语来说,声调是非常重要的。例如:

护理(hùlǐ)	狐狸(húli)	互利(hùlì)	湖里(húlǐ)
北京(běijīng)	背景(bèijǐng)	背静(bèijìng)	
画家(huàjiā)	花甲(huājiǎ)	花架(huājià)	画架(huàjià)
宝石(bǎoshí)	保湿(bǎoshī)	报时(bàoshí)	保释(bǎoshì)	报失(bàoshī)
颜色(yánsè)	眼色(yǎnsè)	艳色(yànsè)	烟色(yānsè)
土地(tǔdì)	徒弟(túdì)	突地(tūdì)	土堤(tǔdī)

二、调值、调类和调号

(一) 调值

汉语的声调可以从调值和调类两个方面来分析。

调值指音阶高低升降、曲直长短的变化形式,是声调的实际读法。调值的语音特点有二:其一,调值主要由音高构成,音的高低决定于频率的高低;其二,构成调值的相对音高在读音上是连续的,渐变的,中间没有停顿,没有跳跃。普通话语音的调值有高平调、中升调、降升调和全降调四种基本类型,也就是说普通话的声调有这四种调值。

描写声调的调值,通常用"五度标记法",这是为把调值描写得具体、易懂而创造的一种标记调值相对音高的方法:用一条竖线表示高低,竖线的左边用横线、斜线、折线表示高低、升降、曲直的变化。竖线的高低分为"低、半低、中、半高、高"五度,分别用 1、2、3、4、5 表示,1 表示"低",2 表示"半低",其余依此类推。平调、升调和降调用两个数字,曲折调用三个数字表示。根据这种标调法,普通话声调的四种调值可以用图 3-2 表示出来。

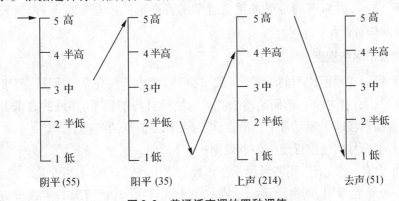

图 3-2　普通话声调的四种调值

表 3-5　普通话声调

调类(四声)	调号	例字	调型	调值	调值说明
1. 阴平	ˉ	妈 mā	高平	55	起音高高一路平
2. 阳平	ˊ	麻 má	中升	35	由中到高往上升
3. 上声	ˇ	马 mǎ	降升	214	先降然后再扬起
4. 去声	ˋ	骂 mà	全降	51	从高降到最下层

55、35、214、51 表示声调实际的高低升降,叫作"调值"。为了便于书写和印刷,一般就用标数码的办法来表示,不必把每一个声调都画出图来。《汉语拼音方案》更简化一步,只在韵母的韵腹上标出"ˉ ˊ ˇ ˋ"四个符号来表示声调的大致调型。

(二) 调类

调类是指声调的分类,是根据声调的实际读法归纳出来的,就是把调值相同的字归纳在一起建立起来的声调的类别。有几种实际读法,就有几种调类。同一种方言中,有几种基本调值就可以归纳成几种调类。

例如普通话的"去、替、废、动、恨"调值相同,都是由5度到1度,就属于同一个调类。古代汉语的声调有四个调类,古人叫作平声、上声、去声、入声,合起来叫作四声。现代汉语普通话和各方言的调类都是从古代的四声演变来的。在演变的过程中有分有合,形成非常复杂的局面。按照调值归纳出来,普通话里有四种基本的调类,即阴平、阳平、上声、去声。它是根据古汉语"平、上、去、入"的名称沿用下来的。

普通话有四种基本的调值,就可以归纳出四个调类。普通话音节中,凡调值为55的,归为一类,叫阴平,如"江山多娇"等;凡调值为35的,归为一类,叫阳平,如"人民和平"等;凡调值为214的,归为一类,叫上声,如"理想美好"等;凡调值为51的,归为一类,叫去声,如"庆祝大会"等。阴平、阳平、上声、去声就是普通话调类的名称。此类名称也可以用序数表示,称为一声、二声、三声、四声,简称为"四声"。

汉语中还存在着一种特殊声调,叫作轻声,有时也叫第五声,在汉语拼音中不标调。有些学者认为"第五声"的说法并不确切。轻声虽然能够起分辨语义的作用,但是通常不列入汉语"四声"之一,因为声调是正常重音音节的音高形式。在音高上,轻音只有音区特征,声调还有曲拱特征。

(三)调号和标注规则

调号就是标记普通话调类的符号。《汉语拼音方案》所规定的调号是:阴平(ˉ),阳平(ˊ),上声(ˇ),去声(ˋ)。声调是整个音节的高低升降的调子,声调的高低升降的变化主要集中体现在韵腹即主要元音上。所以,调号要标在韵母的韵腹上。

汉语拼音中调号标注位置遵循如下规则:

若韵母仅含有一个元音,则调号标示于该元音之上;若韵母含有两个或三个元音,且第一个元音为i、u或是ü时,则将声调标示在第二个元音上;其余情况下声调皆应标示于第一个元音之上。

汉语6个主要元音中,发音最响亮的是a,其余依次是o、e、i、u、ü。一个音节有a,调号就标在a上,如chāo(超);没有a,就标在o或e上,如zhōu(周)、pèi(配);碰到iu、ui组成的音节,就标在最后一个元音上,如niú(牛)、duì(队)。调号如标在i上,i上面的圆点可以省去,如yīng(因)、xīn(欣)。轻声不标调,如māma(妈妈)、yuèliang(月亮)。

三、声调发音分析

汉语普通话中有4个声调,其发音各有鲜明的特点,阴平、阳平、上声和去声调形区别明显:一平、二升、三曲、四降。从发音长短看,上声发音持续的时间最长,其次是阳平;去声发音持续的时间最短,其次是阴平。普通话四声调值时长见图3-3。

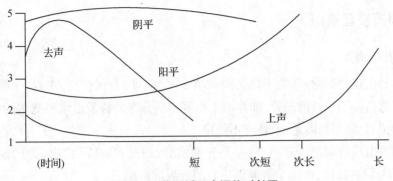

图 3-3　普通话四声调值时长图

(一) 阴平

阴平又叫高平调,俗称一声,调号"－",调形是[55],也称 55 调。发音时,声带绷到最紧("最紧"是相对的,下同),始终没有明显变化,保持高音。调值从 5 度到 5 度,音高基本上没有升降的变化。例如:

gāo gē　　fēi jī　　qīng chūn　　ōu zhōu
高 歌　　飞 机　　青 春　　　欧 洲

(二) 阳平

阳平又叫高升调,俗称二声,调号"ˊ",调形是[35],也称 35 调。发音时,声带从不松不紧开始,逐渐绷紧,到最紧为止,声音由不低不高升到最高。调值从 3 度升到 5 度,有较大升幅变化。例如:

chuán qí　　hóng chá　　qián chéng　　chén zhuó
传 奇　　　红 茶　　　前 程　　　　沉 着

(三) 上声

上声又叫降升调,俗称三声,调号"ˇ",调形是[214],也称 214 调。发音时,声带从略微有些紧张开始,立刻松弛下来,稍稍延长,然后迅速绷紧,但没有绷到最紧。调值从 2 度降到 1 度,从 1 度升到 4 度,有明显的降升特点。发音过程中,声音主要表现在低音段 1—2 度之间,成为上声的基本特征。上声的音长在普通话 4 个声调中是最长的。例如:

měi mǎn　　chǎng zhǎng　　yǒng yuǎn　　biǎo yǎn
美 满　　　厂 长　　　　永 远　　　　表 演

(四) 去声

去声又叫全降调,俗称四声,调号"ˋ",调形是[51],也称 51 调。发音时,声带从紧开始,到完全松弛为止。声音由高到低,调值从 5 度降到 1 度,有较大的降幅变化。去声的音长在普通话 4 个声调中是最短的。例如:

jì niàn　　hào hàn　　kè huà　　làn màn
纪 念　　　浩 瀚　　　刻 画　　　烂 漫

四、声调发音难点

(一) 阴平、阳平

阴平容易出现的问题:一是不能达到调值55的高度,有的读成44或33的调值;二是出现前后高低高度不一致的现象,即在四个声调自然分布的普通话水平测试的第一题单音节字词的朗读时,阴平忽高忽低,音高不稳定。

阳平容易出现的问题也有两个:一是升调铺势,即通俗的所谓"拐弯"的现象;二是为避免"拐弯"而发声急促,影响了普通话应有的舒展的语感。

(二) 上声、去声

上声,其调值是214,它是普通话四个声调里最不易学好的。常见的问题有六:一是调头太高(读314);二是调尾太高(读215);三是调尾太低(读212或213);四是整个声调偏高(几乎无曲势,读324);五是声调中断(读21-4);六是声调曲折生硬。

去声是个全降调51,即从最高降到最低,不能只是加大音强并读成调值31或53。

(三) 消除入声调

普通话没有入声。古入声字都分派到普通话的阴、阳、上、去四声里了,其中派到去声里的最多,约占一半以上,三分之一派到阳平,派入上声的最少。许多方言里都有入声。浙江吴方言里的入声几乎都带有塞音韵尾,读音短促。学习普通话声调时,这种短促的入声调的残留将会明显影响普通话的整体语调,所以要特别注意消除入声调。例如下面加拼音的字,就是改变了的入声字:

cā	fā	niē	lēi	mā	mō	lā	bō	bō xuē
摩擦	发表	捏合	勒紧	抹布	摸底	邋遢	挑拨	剥削
hú bó	pō	gē	shī	shī	kē	gē	gē	bō
湖泊	泼辣	胳膊	丧失	湿润	磕头	鸽子	搁浅	剥皮
pāi	guā	zhāi	shuā	sāi	yā	yuē	wā	yā
拍子	刮风	文摘	牙刷	瓶塞儿	押解	约定	挖掘	压抑

五、声调训练

(一) 阴平

1. 阴阴

cān jiā	xī ān	bō yīn	gōng bīng	yōng jūn	fēng shōu
参加	西安	播音	工兵	拥军	丰收
xiāng jiāo	jiāng shān	kā fēi	bān chē	dān yī	fā shēng
香蕉	江山	咖啡	班车	单一	发声

2. 阴去

zhuāng zhòng	bō sòng	yīn yuè	guī fàn	tōng xìn	fēi kuài
庄重	播送	音乐	规范	通信	飞快

| dān wèi | xī wàng | huān lè | zhōng wài | shī shì | jiā kuài |
| 单位 | 希望 | 欢乐 | 中外 | 失事 | 加快 |

3. 阴阴

guó gē	lián huān	gé xīn	nán fāng	qún jū	nóng cūn
国歌	联欢	革新	南方	群居	农村
cháng jiāng	háng kōng	wéi jīn	yíng sī	yuán fēng	tú shū
长江	航空	围巾	营私	原封	图书

（二）阳平

1. 阳阳

zhí dá	huá xiáng	ér tóng	tuán jié	rén mín	mó xíng
直达	滑翔	儿童	团结	人民	模型
lián hé	chí míng	lín shí	jí xiáng	líng huó	háo huá
联合	驰名	临时	吉祥	灵活	豪华

2. 阳上

huá běi	huáng hǎi	yáo yuǎn	quán shuǐ	qín kěn	mín zhǔ
华北	黄海	遥远	泉水	勤恳	民主
qíng gǎn	miáo xiě	nán miǎn	mí wǎng	píng tǎn	xuán zhuǎn
情感	描写	难免	迷惘	平坦	旋转

3. 阳去

háo mài	liáo kuò	mó fàn	lín yè	pán jù	gé mìng
豪迈	辽阔	模范	林业	盘踞	革命
tóng zhì	jú shì	xióng hòu	xíng zhèng	qiú sài	
同志	局势	雄厚	行政	球赛	

（三）上声

1. 上上

gǔ diǎn	běi hǎi	lǐng dǎo	gǔ zhǎng	guǎng chǎng	zhǎn lǎn
古典	北海	领导	鼓掌	广场	展览
yǒu hǎo	dǎo yǎn	shǒu zhǎng	zǒng lǐ	gǎn xiǎng	lǐ xiǎng
友好	导演	首长	总理	感想	理想

2. 上阴

zhǐ biāo	tǒng yī	zhuǎn bō	běi jīng	fǎng zhī	zhěng zhuāng
指标	统一	转播	北京	纺织	整装
zhǎng shēng	fǎ yī	yǎn chū	guǎng bō	jiǎng shī	qǔ xiāo
掌声	法医	演出	广播	讲师	取消

3. 上阳

zhǐ nán	pǔ jí	fǎn cháng	qiǎn zé	lǎng dú	kǎo chá
指南	普及	反常	谴责	朗读	考察
lǐ chéng	qǐ háng	ruǎn xí	lǐng xián	dǎng yuán	
里程	起航	软席	领衔	党员	

4. 上去

gǎi zào	wǔ jù	zhǔ yào	fǎng wèn	kǎo shì	xiǎng xiàng
改造	舞剧	主要	访问	考试	想象

tǔ dì	guǎng dà	xiě zuò	diǎn fàn	xuǎn pài	jiǎng kè
土地	广大	写作	典范	选派	讲课

（四）去声

1. 去去

rì yuè	dà shà	pò lì	qìng hè	yàn huì	huà xiàng
日月	大厦	破例	庆贺	宴会	画像

chì dào	dà huì	kuài bào	zhì yì	sù zào	gàn bù
赤道	大会	快报	致意	塑造	干部

2. 去上

nài jiǔ	jù běn	tiào sǎn	xià yǔ	yùn zhuǎn	wài yǔ
耐久	剧本	跳伞	下雨	运转	外语

bàn fǎ	xìn yǎng	xì qǔ	diàn yǐng	lì shǐ	tàn xiǎn
办法	信仰	戏曲	电影	历史	探险

3. 去阳

zì rán	huà xué	cuò cí	tè bié	diàn tái	huì tán
自然	化学	措辞	特别	电台	会谈

zhèng quán	pèi hé	wèi lái	yào wén	diào chá	biàn bié
政权	配合	未来	要闻	调查	辨别

4. 去阴

xià xiāng	kuàng gōng	xiàng zhēng	dì fāng	guì bīn	liè chē
下乡	矿工	象征	地方	贵宾	列车

wèi xīng	rèn zhēn	jiàng dī	tè zhēng	yìn shuā	qì wēn
卫星	认真	降低	特征	印刷	气温

（五）四字词语四声练习

1. 按四声顺序排列

zhōng guó wěi dà	shān hé měi lì	tiān rán bǎo zàng
中国伟大	山河美丽	天然宝藏

zī yuán mǎn dì	jiē jí yǒu ài	zhōng liú dǐ zhù
资源满地	阶级友爱	中流砥柱

gōng nóng zǐ dì	qiān chuí bǎi liàn	shēn qiáng tǐ jiàn
工农子弟	千锤百炼	身强体健

jīng shén bǎi bèi	xīn míng yǎn liàng	guāng míng lěi luò
精神百倍	心明眼亮	光明磊落

shān míng shuǐ xiù	huā hóng liǔ lǜ	kāi qú yǐn guàn
山明水秀	花红柳绿	开渠引灌

fēng tiáo yǔ shùn	yīn yáng shàng qù	fēi cháng hǎo jì
风调雨顺	阴阳上去	非常好记

gāo yáng zhuǎn jiàng　　　　qū bié qǐ luò
　　高 扬 转 降　　　　　区 别 起 落

2. **按声母顺序排列**

	bǎi liàn chéng gāng	bō lán zhuàng kuò	bào fēng bào yǔ	bì lěi sēn yán
b	百 炼 成 钢	波 澜 壮 阔	暴 风 暴 雨	壁 垒 森 严

　　　pái shān dǎo hǎi　　pēn bó yù chū　　péng chéng wàn lǐ　　pǔ tiān tóng qìng
P　　排 山 倒 海　　喷 薄 欲 出　　鹏 程 万 里　　普 天 同 庆

　　　mǎn yuán chūn sè　　míng bù xū chuán　　mǎn qiāng rè qíng　　mù bù zhuǎn jīng
m　　满 园 春 色　　名 不 虚 传　　满 腔 热 情　　目 不 转 睛

　　　fā fèn tú qiáng　　fān jiāng dǎo hǎi　　fēng gōng wěi jì　　fù tāng dǎo huǒ
f　　发 愤 图 强　　翻 江 倒 海　　丰 功 伟 绩　　赴 汤 蹈 火

　　　dà kuài rén xīn　　dāng jī lì duàn　　diān pū bú pò　　dòu zhì áng yáng
d　　大 快 人 心　　当 机 立 断　　颠 扑 不 破　　斗 志 昂 扬

　　　tán xiào fēng shēng　　tāo tāo bù jué　　tiān yī wú fèng　　tuī chén chū xīn
t　　谈 笑 风 生　　滔 滔 不 绝　　天 衣 无 缝　　推 陈 出 新

　　　niǎo yǔ huā xiāng　　nì shuǐ xíng zhōu　　néng zhě duō láo　　nìng sǐ bù qū
n　　鸟 语 花 香　　逆 水 行 舟　　能 者 多 劳　　宁 死 不 屈

　　　lǎo dāng yì zhuàng　　léi lì fēng xíng　　lì wǎn kuáng lán　　lóng fēi fèng wǔ
l　　老 当 益 壮　　雷 厉 风 行　　力 挽 狂 澜　　龙 飞 凤 舞

　　　gài shì wú shuāng　　gāo zhān yuǎn zhǔ　　gōng wú bú kè　　guāng cǎi duó mù
g　　盖 世 无 双　　高 瞻 远 瞩　　攻 无 不 克　　光 彩 夺 目

　　　kāi juàn yǒu yì　　kāng kǎi jī áng　　kè dí zhì shèng　　kuài mǎ jiā biān
K　　开 卷 有 益　　慷 慨 激 昂　　克 敌 制 胜　　快 马 加 鞭

　　　háo yán zhuàng yǔ　　hé fēng xì yǔ　　héng sǎo qiān jūn　　hū fēng huàn yǔ
h　　豪 言 壮 语　　和 风 细 雨　　横 扫 千 军　　呼 风 唤 雨

　　　jiān kǔ fèn dòu　　jǐn xiù hé shān　　jì wǎng kāi lái　　jǔ shì wú shuāng
j　　艰 苦 奋 斗　　锦 绣 河 山　　继 往 开 来　　举 世 无 双

　　　qiān jūn wàn mǎ　　qì zhuàng shān hé　　qíng tiān pī lì　　qún wēi qún dǎn
q　　千 军 万 马　　气 壮 山 河　　晴 天 霹 雳　　群 威 群 胆

　　　xǐ xiào yán kāi　　xiǎng chè yún xiāo　　xīn cháo péng pài　　xǔ xǔ rú shēng
x　　喜 笑 颜 开　　响 彻 云 霄　　心 潮 澎 湃　　栩 栩 如 生

　　　zhǎn zhuǎn fǎn cè　　zhāo qì péng bó　　zhǐ chǐ tiān yá　　zhuān xīn zhì zhì
zh　　辗 转 反 侧　　朝 气 蓬 勃　　咫 尺 天 涯　　专 心 致 志

　　　chāo qún jué lún　　chèn xīn rú yì　　chì zǐ zhī xīn　　chū qí zhì shèng
ch　　超 群 绝 伦　　称 心 如 意　　赤 子 之 心　　出 奇 制 胜

　　　shān shuǐ xiāng lián　　shě shēng wàng sǐ　　shēn qíng hòu yì　　shēng lóng huó hǔ
sh　　山 水 相 连　　舍 生 忘 死　　深 情 厚 意　　生 龙 活 虎

　　　ráo yǒu fēng qù　　rén cái bèi chū　　rì xīn yuè yì　　rú huǒ rú tú
r　　饶 有 风 趣　　人 才 辈 出　　日 新 月 异　　如 火 如 荼

　　　zàn bù jué kǒu　　zé wú páng dài　　zài jiē zài lì　　zì zhī zhī míng
z　　赞 不 绝 口　　责 无 旁 贷　　再 接 再 厉　　自 知 之 明

　　　cāng hǎi yí sù　　céng chū bù qióng　　càn làn guāng míng　　cóng róng jiù yì
c　　沧 海 一 粟　　层 出 不 穷　　灿 烂 光 明　　从 容 就 义

55

s　　sān sī ér xíng　　suǒ xiàng pī mǐ　　sì hǎi wéi jiā　　sù rán qǐ jìng
　　三 思 而 行　　所 向 披 靡　　四 海 为 家　　肃 然 起 敬

3.四音节词组变换

　　　　　　qiān chuí bǎi liàn　　shān míng shuǐ xiù　　yīng míng guǒ duàn　　shān méng hǎi shì
阴阳上去　千 锤 百 炼　　山 明 水 秀　　英 明 果 断　　山 盟 海 誓

　　　　　　fēng tiáo yǔ shùn　　sī qián xiǎng hòu　　diān lái dǎo qù
　　　　　　风 调 雨 顺　　思 前 想 后　　颠 来 倒 去

　　　　　　nì shuǐ xíng zhōu　　bèi jǐng lí xiāng　　zhì yǒng wú shuāng　　rè huǒ cháo tiān
去上阴阳　逆 水 行 舟　　背 井 离 乡　　智 勇 无 双　　热 火 朝 天

　　　　　　xìn yǐ wéi zhēn　　wàn gǔ liú fāng　　hòu gǔ bó jīn
　　　　　　信 以 为 真　　万 古 流 芳　　厚 古 薄 今

　　　　　　guāng huī càn làn　　jiù dì chóng yóu　　qì guàn cháng hóng　　fāng xīng wèi ài
四声变位　光 辉 灿 烂　　旧 地 重 游　　气 贯 长 虹　　方 兴 未 艾

　　　　　　gè bēn qián chéng　　fù guì róng huá　　xīn huā nù fàng　　yuǎn zǒu gāo fēi
　　　　　　各 奔 前 程　　富 贵 荣 华　　心 花 怒 放　　远 走 高 飞

　　　　　　zhuàng liè xī shēng　　huān xīn gǔ wǔ
　　　　　　壮 烈 牺 牲　　欢 欣 鼓 舞

(六) 声调辨正

bō bǎ　　　bí bǐ　　　pó pǒ　　　pín pǐn　　　mí mǐ　　　méng měng
拨—把　　鼻—笔　　婆—叵　　频—品　　迷—米　　萌—猛

fáng fǎng　　fén fěn　　dá dǎ　　duó duǒ　　tíng tǐng　　tián tiǎn
防—访　　汾—粉　　达—打　　夺—躲　　停—挺　　甜—舔

ná nǎ　　níng nǐng　　liáng liǎng　　lǘ lǚ　　gé gě　　guó guǒ
拿—哪　　柠—拧　　良—两　　驴—旅　　格—葛　　国—果

ké kě　　kuí kuǐ　　hú hǔ　　huán huǎn　　jí jǐ　　jiá jiǎ
壳—渴　　魁—傀　　弧—浒　　桓—缓　　吉—脊　　颊—钾

qín qǐn　　quán quǎn　　xián xǐ　　xué xuě　　zhé zhě　　zhái zhǎi
勤—寝　　权—犬　　咸—洗　　穴—血　　谪—褶　　宅—窄

chéng chěng　　chí chǐ　　sháo shǎo　　shú shǔ　　rén rěn　　jiè rǒng
惩—骋　　迟—尺　　勺—少　　熟—属　　仁—忍　　戒—冗

zán zǎn　　zuó zuǒ　　cái cǎi　　cí cǐ　　suí suǐ　　ái ǎi
咱—攒　　昨—左　　材—彩　　祠—此　　绥—髓　　皑—矮

áo ǎo　　ér ěr　　wáng wǎng　　yán yǎn　　yú yǔ　　yún yǔn
熬—袄　　而—耳　　王—枉　　延—掩　　余—宇　　匀—允

(七) 声调训练(绕口令)

(1) 铜钉和铜板,铜钉钉铜板,铜板钉铜钉,钉钉铜,铜钉钉。(阴平、阳平)

(2) 珍珍绣锦枕,绣枕用金针,双蝶枕上争,珍珍的锦枕赠亲人。(阴平、阳平、上声)

(3) 不怕不会,就怕不学。一回学不会再来一回,一直到学会,我就不信学不会。(阳平、去声)

(4) 妈妈给我四十四个钱,跑到施家丝店里买丝线。花了四个钱,买了四根白色细丝

线,花了四十个钱,买了十四根红色细丝线。(阴平、去声)

(5) 妈妈骑马,马慢,妈妈骂马。舅舅搬鸠,鸠飞,舅舅揪鸠。姥姥喝酪,融酪,姥姥捞酪。妞妞哄牛,牛拧,妞妞拧牛。(阴平、上声、去声)

(6) 老师老是叫老史去捞石,老史老是没有去捞石,老史老是骗老师,老师老说老史不老实。(四声)

(7) 梁木匠和梁瓦匠,俩梁有事常商量。梁木匠天亮晾衣裳,梁瓦匠天黑量高粱。梁木匠晾衣裳受了凉,梁瓦匠量高粱少了粮。梁瓦匠思量梁木匠受了凉,梁木匠体谅梁瓦匠少了粮。(阳平、去声)

第四章　普通话的音变

每个音节都有一个相对固定的发音,即使是多音字,在一定的词语中也有着自己相对稳定的声母、韵母和声调,但我们在说话时常常是连续发出许多音素或音节,就形成了语流。在此过程中,音素之间、音节之间会互相影响,产生语音的变化,例如,"头"的声调原来是阳平,但是在"斧头"中,它失去了原有的阳平调,变读为一个又轻又短的音节,这在语言学上称为"轻声"。另外,有些原来读作上声的音节变读为近乎阳平的声调,如"老虎"中的"老"。有些由原来的阴平变读为去声或阳平,如"一生"和"一下"中的"一",等等。这些都属于普通话的连读音变现象。

普通话的连读音变主要有变调、儿化、轻声和"啊"的音变等。

第一节　变　调

普通话水平测试要求掌握的是最显著的两类变调:上声变调和"一""不"的变调。

测试规定,应该变调而未变调的,或者没有按照变调规律变调的,该音节判为错误。例如,两个上声连续,前一个音节应变读为阳平,如果没有变读,该音节视为错误。再如,"一"在去声音节前应变读为阳平,如果没有读为阳平,该音节也视为读音错误。

一、上声的变调

1. 上声连非上声字的变调

上声若处于阴平、阳平、去声、轻声之前,也就是说,后边的那个音节不是上声调,它就只需读原调值的一半,而丢掉后一半上升的尾巴,调值由 214 变为 211,即先降,再平拉。这一调形被称为"半上"。这条规则可用顺口溜帮助记忆:"上声连非上,前面变半上。"

(1) 上声+阴平→半上+阴平,如:

打开(dǎkāi)→半上+阴平　　水车(shuǐchē)→半上+阴平

纺织(fǎngzhī)→半上+阴平　　讲师(jiǎngshī)→半上+阴平

(2) 上声+阳平→半上+阳平,如:

每年(měinián)→半上+阳平　　履行(lǚxíng)→半上+阳平

保持(bǎochí)→半上+阳平　　小学(xiǎoxué)→半上+阳平

(3) 上声+去声→半上+去声,如:

百姓(bǎixìng)→半上+去声　　采购(cǎigòu)→半上+去声

打仗(dǎzhàng)→半上+去声　　法律(fǎlǜ)→半上+去声

(4) 上声+轻声→半上+轻声,如:

胆子(dǎnzi)→半上+轻声　　点心(diǎnxin)→半上+轻声

打扮(dǎban)→半上+轻声　　膀子(bǎngzi)→半上+轻声

2. 两个上声字相连的变调

两个上声字相连,前一个上声变得像阳平,调值由214变成35。这条规则可用顺口溜帮助记忆:"上声连上声,前面变阳平。"

上声+上声→阳平+上声,如:

保管(bǎoguǎn)→阳平+上声　　采访(cǎifǎng)→阳平+上声

打倒(dǎdǎo)→阳平+上声　　腐朽(fǔxiǔ)→阳平+上声

需要注意的是:有些音节通常被误认为是上声,如"一会儿"和"等会儿"中的"会",以致"一"和"等"的变调随之对应错了规律:把"一"变读为阳平。这在普通话水平测试中将会按两个音节错误扣分。

3. 三个上声字相连的变调

三个上声相连,若最后边是一个停顿(书面上有一个标点),且整个句子是陈述句,则末尾的那个上声字保持原来214的调值。如"他们是勇敢者,一起奋斗拼搏了半个世纪"中的"者",保持上声原来的调值214,但开头和中间的上声音节要变调:"勇"和"敢"均变读为阳平。

三个上声相连通常有两种变调:

(1) 当词语的结构为"双音节+单音节",习惯上称作"双单格"。如上述"勇敢者",前两个上声变得像阳平,调值均为35。例如:

导管厂(dáoguánchǎng)　　选举法(xuánjúfǎ)

导火索(dáohuósuǒ)　　勇敢者(yónggǎnzhě)

保守党(báoshǒudǎng)　　展览馆(zhánlánguǎn)

蒙古语(ménggúyǔ)　　洗脸水(xíliánshuǐ)

(2) 当词语的结构为"单音节+双音节",习惯上称作"单双格"。如"纸老虎",第一个音节变读为半上,调值为211,第二个音节变得像阳平,调值为35。例如:

好厂长(hǎochángzhǎng)　　女选手(nǔxuánshǒu)

小老虎(xiǎoláohǔ)　　好本领(hǎobénlǐng)

党小组(dǎngxiáozǔ)　　搞管理(gǎoguánlǐ)

老场所(lǎochángsuǒ)　　小组长(xiǎozúzhǎng)

另外,有时还会有三个以上上声相连的词语。如:

岂有/此理　　彼此/友好　　你有/小雨伞　　手表厂/李厂长

我给你/五把/纸雨伞　　请你/给我/找找/演讲稿

这时我们也应该先将它们根据结构(两个字、三字组)分组,然后按上述规则确定变调。

◎ [发音训练]

1. 词语训练。

表演场	演讲稿	打靶场	敏感点	管理组	虎骨酒
蒙古语	考古场	洗脸水	跑马场	采访组	水彩笔
老场所	党小组	搞管理	海产品	很理解	冷处理
好导演	撒火种	小两口	老保守	纸雨伞	孔乙己
米老鼠	马厂长	买米粉	找铁锁	请领导	李小姐

2. 下面是《普通话水平测试用普通话词语表》中的"上+上"的词语,为方便初学者训练,在此按变读标示第一个音节的声调。

矮小(áixiǎo)

把柄(bábǐng)　　保守(báoshǒu)　　把手(báshǒu)　　保养(báoyǎng)
采取(cáiqǔ)　　场所(chángsuǒ)　　惨死(cánsǐ)　　吵嘴(cháozuǐ)
打垮(dákuǎ)　　诋毁(díhuǐ)　　打铁(dátiě)　　点火(diánhuǒ)
耳语(éryǔ)
反比(fánbǐ)　　反感(fángǎn)　　粉笔(fénbǐ)　　腐朽(fúxiǔ)
改悔(gáihuǐ)　　稿纸(gáozhǐ)　　改口(gáikǒu)　　给以(géiyǐ)
海岛(háidǎo)　　好转(háozhuǎn)　　海港(háigǎng)　　缓解(huánjiě)
甲板(jiábǎn)　　尽管(jínguǎn)　　假使(jiáshǐ)
考古(káogǔ)　　口语(kóuyǔ)　　可以(kéyǐ)　　苦恼(kúnǎo)
老板(láobǎn)　　老虎(láohǔ)　　老鼠(láoshǔ)　　领导(língdǎo)
马尾(máwěi)　　美好(méihǎo)　　美感(méigǎn)　　勉强(miánqiǎng)
扭转(niúzhuǎn)
品种(pínzhǒng)
起点(qídiǎn)　　抢险(qiángxiǎn)　　起火(qíhuǒ)　　取暖(qúnuǎn)
软骨(ruángǔ)
审美(shénměi)　　水果(shuíguǒ)　　手表(shóubiǎo)　　水手(shuíshǒu)
倘使(tángshǐ)　　土匪(túfěi)
往往(wángwǎng)　　武打(wúdǎ)　　网点(wángdiǎn)　　舞蹈(wúdǎo)
洗澡(xízǎo)　　小组(xiáozǔ)　　想法(xiángfǎ)　　许可(xúkě)
眼睑(yánjiǎn)　　影响(yíngxiǎng)　　演讲(yánjiǎng)　　勇敢(yónggǎn)
展览(zhánlǎn)　　总理(zónglǐ)　　主导(zhúdǎo)　　总体(zóngtǐ)

3.《普通话水平测试用朗读作品》中"上声+上声"和"上声+其他声调"的情况有许多,朗读时要注意变调的训练。例如:

作品1号:<u>也许你要说它不美丽</u>。

作品50号：其实,只要把握好生命的每一分钟,也就把握了理想的人生。

作品51号：捧着作文本,他笑了,蹦蹦跳跳地回家了,像只喜鹊。

二、"一"和"不"的变调

1. "一"的本调

"一"的本调是阴平,调值为55。在单念或语句末尾以及表示日期、序数时读本调。例如：

(1) 单念："'一'这个字最好写。"

(2) 语句末尾："不管三七二十一","九九归一"。

(3) 表示日期："今天是五月一号。"

(4) 表示序数："他考试总是全年级第一。""他们住在一楼一号房间。"

2. "一"的变调

"一"的变调有三种情况。

(1) 去声字前变阳平,调值为35。（以下"一"字标变调）

一半(yíbàn)   一共(yígòng)   一气(yíqì)

一并(yíbìng)   一件(yíjiàn)   一切(yíqiè)

(2) 非去声之前变去声,调值为51。（以下"一"字标变调）

在阴平前：

一般(yìbān)   一间(yìjiān)   一生(yìshēng)

一边(yìbiān)   一瞥(yìpiē)   一双(yìshuāng)

在阳平前：

一连(yìlián)   一时(yìshí)   一头(yìtóu)

一流(yìliú)   一台(yìtái)   一直(yìzhí)

在上声前：

一百(yìbǎi)   一举(yìjǔ)   一捆(yìkǔn)

一点儿(yìdiǎnr) 一口(yìkǒu) 一览(yìlǎn)

需要注意的是："一"表示"全部"的意思时,在形式上与表序数的词语是一样的,但有的要按变调规律变调。

例一：小学一年级的学生年龄还太小。（"一"表序数,读原调55）

例二：今年的"五一"节假期特别长,同学们外出旅游的特别多,一年级没剩几个人。（"一"表"全部","一年级"在这里表"全年级,整个年级","一"读去声）

(3) "一"夹在重叠式的动词之间,读得近乎轻声。例如：

听一听   写一写   读一读   想一想

走一走   念一念   看一看   找一找

试一试   谈一谈   摸一摸   弹一弹

因为这些词语中的"一"读得近乎轻声,所以一旦音量稍强,就会跟着其后的那个音节发生变调。变调的规律如前所述。例如,"歇一歇、谈一谈、走一走"中的"一"并不是按照其前的"歇""谈""走"变成短促的低降调轻声调形,即并非"阴平+轻声"的读法,而是按"一"+非去声[见上面"一"变调的(2)]的规律变读。即"一"在此为去声调形,但调值不宜长。"念一念"中的"一"也不是按照"去声+轻声"的读法,而是按"一"+去声的规律变读,把"一"发成近乎阳平但又较短较模糊的调子。

3. "不"的变调

"不"的变调相对"一"来说比较容易掌握。

(1) 在去声音节前改变原来的调值,即由51变为阳平的35:

"不"(bù) + 去声 → "不"(bú) + 去声
　　　51　　　　　　　　35

例如(以下"不"字标变调):

不必(búbì)	不利(búlì)	不错(búcuò)	不论(búlùn)
不当(búdàng)	不去(búqù)	不顾(búgù)	不幸(búxìng)
不过(búguò)	不用(búyòng)	不治(búzhì)	

(2) "不"夹在重叠式的动词之间或动补式的词语之间时,读得近乎轻声。例如:

稀不稀	油不油	苦不苦	完不完
红不红	穿不穿	谈不谈	好不好
做不好	打不开	看不清	起不来

其中的"不"依其后边的音节(都是非去声的音节)读原调,但较去声调的51要短而模糊。又如:

看不上　带不去　吃不下　洗不净　长不大　挡不住

以上各词语中的"不"依其后边的音节(均为去声音节)变读为调形虽为阳平却又轻又短的调子。

还需要注意的是:"一"和"不"有时会连在一起构成词语,如"一不小心""不一起"。这时,我们就要先将它们划分为两部分,如把"一不小心"划为"一"和"不小心",把"不一起"分为"不"和"一起",然后按照"不"和"一"的变调规律确定"不小心"的"不"和"一起"的"一"都读去声,最后,仍然按"一"和"不"的变调规律将第一、二个词语中的"一"和"不"都变读为阳平。

为方便记忆,上述"一"和"不"的变调规则,可编个顺口溜:"一""不"有变调,去前变阳平,非去前去声,中间变次轻。见表4-1。

表4-1 "一""不"变调表

变化条件	变化结果	举　例
在去声前	变阳平	一位(yíwèi)　一道(yídào)　不会(búhuì)
在非去声前	读去声	一天(yìtiān)　一年(yìnián)　一晚(yìwǎn) 不公(bùgōng)　不成(bùchéng)　不久(bùjiǔ)
夹在词语中	变轻声	看一看(kànyikàn)　看不看(kànbukàn)

[发音训练]

1. 朗读下面的词语,注意"一"的变调。

一般　一边　一半　一定　一辈子　一带　一起　一旦　一瞥　一点儿　一齐
一度　一气　一端　一共　一个　一念　一向　一方　一腔　一张　一同　一体
一撇　一直　一致　一心　一再　一概　一瞬　一流　一律　一面　一旁　一早
一筹莫展　一帆风顺　一丝不苟　一目了然　一诺千金　一朝一夕　一来二去
一唱一和　一笔勾销　一鼓作气　一见如故　一蹴而就　一脉相承　一见钟情
一劳永逸　一心一意　一呼百诺　一气呵成　一尘不染　一毛不拔

2. 朗读下面的词语,注意"不"的变调。

不快　不用　不过　不幸　不错　不当　不便　不安　不曾　不但　不利　不吃
不等　不久　不堪　不可　起不来　拿不动　长不大　看不清　不至于　不一定
不胫而走　不动声色　不可思议　不可一世　不计其数　不言而喻　不速之客
不以为然　不伦不类　不即不离　不卑不亢　不闻不问　不见经传

3. 朗读下列短句,找出其中变调的音节,注意其在语流中的实际调值。

　　没有一片绿叶,没有一缕炊烟,没有一粒泥土,没有一丝花香,只有水的世界,云的海洋。

　　一阵台风袭过,一只孤单的小鸟无家可归,落到被卷到洋里的木板上,乘流而下,姗姗而来,近了,近了!

　　在浩瀚无垠的沙漠里,有一片美丽的绿洲,绿洲里藏着一颗闪光的珍珠。这颗珍珠就是敦煌莫高窟。它坐落在我国甘肃省敦煌市三危山和鸣沙山的环抱中。

　　莫高窟是举世闻名的艺术宝库。这里的每一尊彩塑、每一幅壁画、每一件文物,都是中国古代人民智慧的结晶。

4. 朗读下列诗歌,注意"一"和"不"的变调。

清代陈沆的"一"字诗:

　　　　　　　　一帆一桨一渔舟,
　　　　　　　　一个渔翁一钓钩。
　　　　　　　　一俯一仰一顿笑,
　　　　　　　　一江明月一江秋。
　　　　　　　　一山一水一明月,
　　　　　　　　一人独钓一海秋。

在青岛崂山微子崮南,太清景区东南太清湾口,有一块黛青色巨石,石上刻有太古子宋绩臣所作的一首七言诗,亦类于此:

　　　　　　　　一蓑一笠一髯叟,
　　　　　　　　一丈长杆一寸钩。

> 清代女诗人何佩玉也有一首"一"字诗佳作：
>
> > 一花一柳一鱼矶，
> >
> > 一抹夕阳一鸟飞。
> >
> > 一山一水中一寺，
> >
> > 一林黄叶一僧归。
>
> 5. 注意下面文字中的"一"和"不"。
>
> 不怕不会
>
> 不怕不会，就怕不学，一回学不会再来一回，一直到学会，我就不信学不会。

第二节 儿 化

儿化是北方部分汉语的一种构词方式。在词根（一般为名词）后面加上儿尾以构成一个新的名词，新名词的含义是对词根名词含义的拓展或者特定化。由于历史上、地域上"儿"的读音千变万化，导致出现的儿化的表征亦有所不同。汉语方言里，北京话以多儿化而闻名。

一、儿化的定义

"儿"连在别的音节后面作词尾时，就失去独立性，和前面的音节融合成一个音节，使前一个音节的韵母带上一个卷舌动作的韵尾，成为卷舌韵母即儿化韵。这种现象叫作"儿化"。"儿化"在意思的表达上是有一定作用的。

二、儿化的作用

在普通话中，儿化具有区别词义、区分词性的功能。

1. 区别词义

（1）一些词儿化后具有比喻义。如：

头（脑袋）——头儿（领头的；首领）

（2）一些词儿化后词义会缩小或转移。如：

鼻（五官之一）——鼻儿（器物上面能够穿上其他东西的小孔）

2. 区分词性

（1）一些词儿化后可以改变词性。如：

盖（动词）——盖儿（名词）；画（动词）——画儿（名词）

在具有区别词义和辨别词性作用的语境中，该儿化处理的地方一定要儿化，否则就会产生歧义。但在广播语言中尤其是政治类、科学类、学术类的节目中，对语言的严谨程度要求较高，要尽量少用儿化；在书面语言或比较正式的语言环境中也不宜多用儿化。

（2）表示细小、亲切、轻松或喜爱的感情。如：

　　小猫儿　小孩儿　小球儿　金鱼儿　脸蛋儿　花儿

三、儿化韵的发音

在实际的儿化韵认读中，儿化音与其前面的音节是连在一起发音的，不宜分解开来读（即不可把后面的"儿"字单独、清晰地读出）。但在诗歌散文等抒情类文体中，有时为了押韵的需要，可单独发儿化韵的音，如"树叶儿、月牙儿"。

（1）以 a、o、ê、e、u（包括 ao、iao 中的 o）作韵尾的韵母作儿化处理时，其读音变化不太大，卷舌动作与其本身的发音冲突不大，所以儿化时直接带上卷舌音色彩即可。其中，e 的舌位稍稍后移一点，a 的舌位略微升高一点即可。如：

　　a→ar：哪儿（nǎr）　　　　　　手把儿（shǒubàr）
　　ia→iar：叶芽儿（yèyár）　　　　钱夹儿（qiánjiár）
　　ua→uar：画儿（huàr）　　　　　浪花儿（lànghuār）
　　o→our：粉末儿（fěnmòr）　　　竹膜儿（zhúmór）
　　uo→ror：眼窝儿（yǎnwōr）　　　大伙儿（dàhuǒr）
　　e→er：小盒儿（xiǎohér）　　　　硬壳儿（yìngkér）
　　ue→uer：主角儿（zhǔjuér）　　　木橛儿（mùjuér）
　　ie→ier：石阶儿（shíjiēr）　　　　字帖儿（zìtièr）
　　u→ur：泪珠儿（lèizhūr）　　　　离谱儿（lípǔr）
　　ao→aor：小道儿（xiǎodàor）　　荷包儿（hébāor）
　　ou→our：老头儿（lǎotóur）　　　路口儿（lùkǒur）
　　iao→iaor：小调儿（xiǎodiàor）　　嘴角儿（zuǐjiǎor）
　　iou→iour：小球儿（xiǎoqiúr）　　顶牛儿（dǐngniúr）

（2）韵尾音素以 i、ü 为主要元音的韵母作儿化处理时，因 i、ü 开口度较小，舌高点靠前，i、ü 此时又是韵腹不能丢去，故与卷舌动作有冲突。处理的方法是先增加一个舌面、央、中、中圆唇元音，再在此基础上卷舌。如：

　　i→ier：锅底儿（guōdǐr）　　柳丝儿（liǔsīr）　　玩意儿（wányìr）
　　ü→üer：小曲儿（xiǎoqǔr）　　毛驴儿（máolǘr）　有趣儿（yǒuqùr）

（3）韵尾音素为 i 的韵母作儿化处理时，因 i 的发音动作与卷舌有所冲突，儿化时韵尾 i 丢失，在主要元音的基础上卷舌。舌位在前的主要元音，由于受卷舌动作的影响，舌位向央、中方向后移。如：

　　ai→ar 大牌儿（dàpáir）　　　窗台儿（chuāngtáir）
　　ei→er：同辈儿（tóngbèir）　　宝贝儿（bǎobèir）
　　uai→uar：糖块儿（tángkuàir）　一块儿（yíkuàir）
　　uei→uer：口味儿（kǒuwèir）　　一对儿（yíduìr）

（4）韵尾音素为 n 的韵母作儿化处理时，因为 n 的发音妨碍了卷舌动作，所以儿化的韵尾 n 音要丢失,在主要元音基础上卷舌。原来舌位在前的主要元音,儿化后其音的舌位向央、中方向后移,主要元音妨碍卷舌的 i、ü 时,要增加一个舌面、央、中、不圆唇元音,再在此基础上卷舌。如:

an→ar:顶班儿(dǐngbānr)　　传单儿(chuándānr)
en→er:亏本儿(kuīběnr)　　命根儿(mìnggēnr)
ian→iar:鸡眼儿(jīyǎnr)　　路边儿(lùbiānr)
in→iar:用劲儿(yòngjìnr)　　手印儿(shǒuyìnr)
uan→uar:好玩儿(hǎowánr)　　拐弯儿(guǎiwānr)
uen→uer:皱纹儿(zhòuwénr)　　开春儿(kāichūnr)
üan→üar:圆圈儿(yuánquānr)　　手绢儿(shǒujuànr)
ün→üer:合群儿(héqúnr)　　花裙儿(huāqúnr)

(5) 以舌尖前元音-i 或舌尖后元音-i 作韵尾的韵母作儿化处理时,因其发音的开口度小,且舌尖已接近齿背或前硬腭,已妨碍了卷舌动作,故儿化时应将其变为舌面、央、中、不圆唇元音,再在此基础上进行卷舌。如:

-i→er:找刺儿(zhǎocìr)　　柳丝儿(liǔsīr)
-i→er:树枝儿(shùzhīr)　　找事儿(zhǎoshìr)

(6) 以 nag 为韵尾音素的韵母作儿化处理时,nag 的发音部位在后(并不妨碍卷舌动作),但由于 nag 是鼻音,发音时口腔中没有气流通过,所以卷舌时就不能形成卷舌特点。故作儿化处理时要将 nag 音完全丢失,再在主要元音的基础上卷舌。若主要元音妨碍了卷舌动作,就增加一个鼻化的舌面、央、中、不圆唇元音,再在此基础上卷舌。如:

ang→angr:茶缸儿(chágāngr)　　药方儿(yàofāngr)
iang→iangr:小羊儿(xiǎoyángr)　　菜秧儿(càiyāngr)
uang→uangr:竹筐儿(zhúkuāngr)　　门窗儿(ménchuāngr)
eng→engr:跳绳儿(tiàoshéngr)　　竹凳儿(zhúdèngr)　　裤缝儿(kùfèngr)
ong→ongr:小洞儿(xiǎodòngr)　　抽空儿(chōukòngr)　　酒盅儿(jiǔzhōngr)
iong→iongr:小熊儿(xiǎoxióngr)

◎ [发音训练]

1. 下雪了,雪下得真大。雪花儿像鹅毛一样从天上飘下来,落在山上、田野上、房子上、大树上,盖了一层又一层,全是白茫茫的了。

外边儿静悄悄的行人很少。

雪停了,太阳出来了。太阳光照在树上,亮得耀眼。山啊、田野啊、房子啊、大树啊,全都变了样儿了,都穿上了白色外衣。校旁那两座小塔,都戴上了顶白帽子,比平常更好看了。下课后,同学们都到院子里来了。大家滑雪、扔雪球儿、堆雪人儿。他们的脸跟鼻子都冻得红红的,可还是玩得很起劲儿。

2. 进了门儿,倒杯水儿,喝了两口运运气儿。顺手拿起小唱本儿,唱了一曲又一曲儿。练完了嗓子练嘴皮儿,绕口令儿练字音儿,还有快板儿对口词儿,越说越唱越带劲儿。

3. 有个小孩儿叫小兰儿,口袋里装着几个小钱儿,又打醋,又买盐儿,还买了一个小饭碗儿。小饭碗儿,真好玩儿,红花儿绿叶儿镶金边儿,中间儿还有个小红点儿。

4. 艳阳天,春光好,风和日暖真逍遥,红的花,青的草,杨柳树下有小桥,小桥底下老公公把小船摇。这一边,兄弟姐妹把风筝放得高;那一边,小三、小四坐在河边儿把鱼钓。我牧童,穿布鞋,戴草帽,又把那横笛儿插在腰。我不免把那牛儿放到山上去吃草,去吃草。

5. 学好声韵辨四声,阴阳上去要分明。部位方法须找准,开齐合撮属口形,双唇班报必百波,舌尖当地斗丁。舌根高狗坑耕故,舌面积结教坚精;翘舌主争真知照,平舌资则早在增。擦音发翔飞分夏,送气查柴产彻称。合口呼午枯胡古,开口河坡歌安争;撮口虚学寻徐剧,齐齿衣优摇业英。前鼻恩因烟弯稳,后鼻昂迎中拥翁。咬紧字头归字尾,阴阳上去记变声;循序渐进坚持练,不难达到纯和清。

附录:常用儿化词表

A

| 挨个儿 | 挨门儿 | 矮凳儿 | 暗处儿 | 暗号儿 | 暗花儿 | 熬头儿 |

B

八成儿	八字儿	疤瘌眼儿	拔火罐儿	拔尖儿	白案儿	白班儿
白干儿	白卷儿	白面儿	百叶儿	摆谱儿	摆设儿	败家子儿
班底儿	板擦儿	半边儿	半道儿	半点儿	半截儿	半路儿
帮忙儿	绑票儿	傍晚儿	包干儿	宝贝儿	饱嗝儿	北边儿
背面儿	背气儿	背心儿	背影儿	贝壳儿	被单儿	被窝儿
本家儿	本色儿	奔头儿	鼻梁儿	笔调儿	笔架儿	笔尖儿
笔套儿	边框儿	变法儿	便门儿	便条儿	标签儿	别名儿
鬓角儿	冰棍儿	病根儿	病号儿	不大离儿	不得劲儿	不对茬儿
不是味儿	布头儿					

C

擦黑儿	猜谜儿	彩号儿	菜单儿	菜花儿	菜籽儿	蚕子儿
藏猫儿	草底儿	草帽儿	茶馆儿	茶花儿	茶几儿	茶盘儿
茶座儿	差不离儿	差点儿	岔道儿	长短儿	长袍儿	敞口儿

唱本儿	唱高调儿	唱片儿	抄道儿	趁早儿	成个儿	秤杆儿
吃喝儿	吃劲儿	尺码儿	虫眼儿	抽筋儿	抽空儿	抽签儿
筹码儿	出活儿	出门儿	出名儿	出数儿	橱柜儿	雏儿
窗洞儿	窗花儿	窗口儿	窗帘儿	窗台儿	床单儿	吹风儿
槌儿	春卷儿	春联儿	戳儿	瓷瓦儿	词儿	葱花儿
从头儿	从小儿	凑热闹儿	凑数儿	粗活儿	醋劲儿	搓板儿

D

搭伴儿	答茬儿	搭脚儿	打蹦儿	打盹儿	打嗝儿	打滚儿
打晃儿	打价儿	打愣儿	打鸣儿	打谱儿	打挺儿	打眼儿
打杂儿	打转儿	大褂儿	大伙儿	大婶儿	带劲儿	带儿
单调儿	单个儿	单间儿	蛋黄儿	当面儿	当票儿	刀把儿
刀背儿	刀片儿	刀刃儿	道口儿	倒影儿	得劲儿	灯泡儿
底儿	底稿儿	底座儿	地方儿	地面儿	地盘儿	地皮儿
地摊儿	蹬脚儿	点儿	点头儿	垫圈儿	电影儿	调号儿
调门儿	掉包儿	钓竿儿	碟儿	丁点儿	顶牛儿	顶事儿
顶针儿	定弦儿	动画片儿	兜儿	斗嘴儿	豆花儿	豆角儿
豆芽儿	逗乐儿	逗笑儿	独院儿	对过儿	对号儿	对口儿
对劲儿	对联儿	对门儿	对面儿	对味儿	对眼儿	多半儿
多会儿	朵儿					

E

摁钉儿	摁扣儿	耳垂儿	耳朵眼儿	耳根儿

F

发火儿	反面儿	饭馆儿	饭盒儿	饭碗儿	房檐儿	肥肠儿
翻白眼儿	翻本儿	费劲儿	坟头儿	粉末儿	粉皮儿	粉条儿
封口儿	风车儿	风儿	缝儿			

G

旮旯儿	盖戳儿	盖儿	赶早儿	干劲儿	干活儿	高调儿
高招儿	稿儿	个儿	个头儿	各行儿	各样儿	跟班儿
跟前儿	工夫儿	工头儿	勾芡儿	钩针儿	够本儿	够劲儿
够数儿	够味儿	瓜子儿	挂名儿	乖乖儿	拐棍儿	拐角儿
拐弯儿	管儿	管事儿	罐儿	光板儿	光杆儿	光棍儿
鬼脸儿	蝈蝈儿	锅贴儿	过门儿			

H

哈哈儿	行当儿	好好儿	好天儿	好玩儿	好性儿	好样儿
号码儿	号儿	河沿儿	合股儿	合伙儿	合身儿	盒儿
黑道儿	红人儿	猴儿	后边儿	后跟儿	后门儿	胡同儿

花边儿	花卷儿	花瓶儿	花儿	花纹儿	花样儿	花园儿
花招儿	滑竿儿	话茬儿	画稿儿	还价儿	环儿	慌神儿
黄花儿	回话儿	回信儿	魂儿	豁口儿	火锅儿	火候儿
火炉儿	火苗儿	火星儿				

J

鸡杂儿	急性儿	记事儿	家底儿	夹缝儿	夹心儿	加油儿
价码儿	假条儿	肩膀儿	箭头儿	讲稿儿	讲价儿	讲究儿
胶卷儿	胶水儿	脚尖儿	较真儿	叫好儿	叫座儿	接班儿
接头儿	揭底儿	揭短儿	解闷儿	解手儿	借条儿	紧身儿
劲头儿	镜框儿	酒令儿	酒窝儿	就手儿	卷儿	诀窍儿
绝招儿						

K

开春儿	开花儿	开火儿	开窍儿	开头儿	坎肩儿	开小差儿
靠边儿	磕碰儿	科班儿	科教片儿	壳儿	可口儿	吭气儿
吭声儿	空手儿	空地儿	空格儿	空心儿	抠门儿	抠字眼儿
口袋儿	口风儿	口哨儿	口味儿	口信儿	口罩儿	扣儿
苦头儿	裤衩儿	裤兜儿	裤脚儿	裤腿儿	挎包儿	块儿
快板儿	快手儿	筐儿	葵花子儿			

L

拉呱儿	拉链儿	拉锁儿	腊八儿	腊肠儿	来回儿	来劲儿
来头儿	篮儿	滥调儿	捞本儿	老伴儿	老本儿	老底儿
老根儿	老话儿	老脸儿	老人儿	老样儿	泪花儿	泪人儿
泪珠儿	累活儿	冷门儿	冷盘儿	愣神儿	离谱儿	里边儿
理儿	力气活儿	连襟儿	脸蛋儿	凉粉儿	凉气儿	两截儿
两口儿	两头儿	亮光儿	亮儿	聊天儿	裂缝儿	裂口儿
零花儿	零活儿	零碎儿	零头儿	领儿	领头儿	溜边儿
刘海儿	留后路儿	柳条儿	遛弯儿	篓儿	露面儿	露馅儿
露相儿	炉门儿	路口儿	轮儿	罗锅儿	落脚儿	落款儿
落音儿						

M

麻花儿	麻绳儿	麻线儿	马竿儿	马褂儿	买好儿	卖劲儿
满分儿	满座儿	慢性儿	忙活儿	毛驴儿	毛衫儿	冒火儿
冒尖儿	冒牌儿	帽儿	帽檐儿	没词儿	没地儿	没法儿
没劲儿	没门儿	没谱儿	没趣儿	没事儿	没头儿	没样儿
没影儿	煤球儿	媒婆儿	美人儿	美术片儿	谜儿	门洞儿
门房儿	门槛儿	门口儿	门帘儿	猛劲儿	米粒儿	蜜枣儿

猕猴儿	面条儿	面团儿	苗儿	瞄准儿	明情理儿	明儿
名词儿	名单儿	名片儿	摸黑儿	模特儿	末了儿	墨盒儿
墨水儿	墨汁儿	模样儿	木头人儿			

N

哪会儿	哪儿	哪样儿	纳闷儿	奶名儿	奶皮儿	奶嘴儿
南边儿	南面儿	脑瓜儿	脑门儿	闹病儿	闹气儿	泥人儿
拟稿儿	年根儿	年头儿	念珠儿	鸟儿	牛劲儿	纽扣儿
农活儿	努嘴儿	挪窝儿				

O

藕节儿

P

拍儿	牌号儿	牌儿	派头儿	盘儿	旁边儿	胖墩儿
刨根儿	跑堂儿	跑腿儿	配对儿	配件儿	配角儿	喷嘴儿
盆景儿	皮猴儿	皮夹儿	皮儿	偏方儿	偏旁儿	偏心眼儿
片儿	票友儿	拼盘儿	瓶塞儿	平手儿	评分儿	坡儿
破烂儿	铺盖卷儿	蒲墩儿	蒲扇儿	谱儿		

Q

漆皮儿	旗袍儿	棋子儿	起劲儿	起名儿	起头儿	起眼儿
气球儿	汽水儿	签儿	千层底儿	前边儿	前脚儿	前面儿
前儿	前身儿	钱串儿	钱票儿	枪杆儿	枪眼儿	枪子儿
腔儿	墙根儿	墙头儿	抢先儿	桥洞儿	瞧头儿	悄没声儿
巧劲儿	俏皮话儿	亲嘴儿	轻活儿	球儿	蛐蛐儿	取乐儿
曲儿	圈儿	缺口儿	缺嘴儿			

R

瓢儿	让座儿	绕道儿	绕口令儿	绕圈儿	绕弯儿	绕远儿
热门儿	热闹儿	热天儿	热心肠儿	人家儿	人头儿	人味儿
人样儿	人影儿	人缘儿	日记本儿	日月儿	绒花儿	戎球儿
肉包儿	肉片儿	肉脯儿	肉丝儿	褥单儿	入门儿	入味儿

S

撒欢儿	撒娇儿	撒酒疯儿	撒手儿	塞儿	三弦儿	嗓门儿
沙果儿	沙瓤儿	砂轮儿	傻劲儿	色儿	山根儿	闪身儿
扇面儿	上班儿	上辈儿	上边儿	上火儿	上劲儿	上款儿
上联儿	上面儿	上身儿	上座儿	捎脚儿	哨儿	伸腿儿
身板儿	身量儿	身子骨儿	神儿	婶儿	实心儿	石子儿
使劲儿	市面儿	事儿	事由儿	是味儿	收口儿	收条儿
手边儿	手戳儿	手绢儿	手套儿	手头儿	手腕儿	手心儿

手印儿	书本儿	书签儿	书桌儿	熟道儿	熟人儿	树梢儿
树阴儿	数码儿	耍心眼儿	双料儿	双响儿	双眼皮儿	水饺儿
水牛儿	水印儿	顺便儿	顺道儿	顺脚儿	顺口儿	顺路儿
顺手儿	顺嘴儿	说话儿	说情儿	说头儿	说闲话儿	撕票儿
丝儿	死胡同儿	死心眼儿	死信儿	四边儿	四合院儿	松劲儿
松紧带儿	松仁儿	松子儿	送信儿	俗话儿	酸枣儿	蒜瓣儿
蒜黄儿	蒜泥儿	算盘儿	算数儿	随大溜儿	随群儿	碎步儿
岁数儿	孙女儿	榫儿	锁链儿			

T

台阶儿	抬价儿	摊儿	痰盂儿	谈天儿	糖葫芦儿	趟儿
挑儿	桃仁儿	讨好儿	套间儿	套儿	蹄筋儿	提成儿
提花儿	替班儿	替身儿	天边儿	天窗儿	天儿	天天儿
甜头儿	挑刺儿	条儿	跳高儿	跳绳儿	跳远儿	贴身儿
帖儿	听信儿	同伴儿	铜子儿	筒儿	偷空儿	偷偷儿
头儿	头头儿	图钉儿	土豆儿	土方儿	腿儿	脱身儿
托儿						

W

娃儿	袜套儿	袜筒儿	外边儿	外号儿	外间儿	外面儿
外甥女儿	外套儿	弯儿	玩儿	玩意儿	腕儿	围脖儿
围嘴儿	卫生球儿	味儿	纹路儿	窝儿	物件儿	

X

西边儿	稀罕儿	媳妇儿	戏班儿	戏本儿	戏词儿	戏法儿
细活儿	虾仁儿	下巴颏儿	下半天儿	下边儿	下联儿	下手儿
弦儿	闲话儿	闲空儿	闲篇儿	闲气儿	显形儿	现成儿
线头儿	馅儿	香肠儿	香瓜儿	香火儿	香水儿	箱底儿
响动儿	相片儿	像样儿	橡皮筋儿	消食儿	小白菜儿	小半儿
小辈儿	小辫儿	小不点儿	小菜儿	小抄儿	小车儿	小丑儿
小葱儿	小调儿	小工儿	小褂儿	小孩儿	小脚儿	小锣儿
小帽儿	小米儿	小名儿	小跑儿	小钱儿	小曲儿	小人儿
小嗓儿	小舌儿	小市儿	小说儿	小偷儿	小性儿	小灶儿
笑话儿	笑脸儿	笑窝儿	楔儿	歇腿儿	邪道儿	邪门儿
斜纹儿	斜眼儿	鞋帮儿	蟹黄儿	心肝儿	心坎儿	心路儿
心窝儿	心眼儿	信皮儿	信儿	杏儿	杏仁儿	胸脯儿
袖口儿	袖儿	袖筒儿	绣花儿	旋涡儿		

Y

鸭子儿	牙口儿	牙签儿	牙刷儿	芽儿	雅座儿	压根儿
烟卷儿	烟头儿	烟嘴儿	言声儿	沿儿	眼角儿	眼镜儿
眼皮儿	眼圈儿	眼儿	眼神儿	眼窝儿	羊倌儿	腰板儿
腰花儿	咬舌儿	咬字儿	药方儿	药面儿	药片儿	药水儿
药丸儿	药味儿	要价儿	爷们儿	页码儿	衣料儿	一半儿
一边儿	一道儿	一点儿	一会儿	一块儿	一溜烟儿	一溜儿
一气儿	一身儿	一手儿	一顺儿	一下儿	一些儿	一早儿
一阵儿	一总儿	音儿	因由儿	阴凉儿	阴影儿	瘾头儿
印花儿	印儿	应声儿	营生儿	迎面儿	影片儿	影儿
应景儿	硬面儿	硬手儿	油饼儿	油花儿	油门儿	油皮儿
邮包儿	邮戳儿	有点儿	有门儿	有趣儿	有数儿	右边儿
榆钱儿	鱼虫儿	鱼漂儿	雨点儿	原封儿	原主儿	圆圈儿
院儿	约会儿	约数儿	月份儿	月牙儿		

Z

咂嘴儿	杂牌儿	杂耍儿	杂院儿	脏字儿	枣儿	早早儿
渣儿	栅栏儿	宅门儿	沾边儿	掌勺儿	掌灶儿	长相儿
账本儿	账房儿	找茬儿	罩儿	照面儿	照片儿	照样儿
这会儿	这儿	这样儿	针鼻儿	针箍儿	针眼儿	枕席儿
阵儿	整个儿	正座儿	汁儿	支着儿	枝儿	直溜儿
直心眼儿	侄儿	侄女儿	纸钱儿	指名儿	指望儿	指印儿
中间儿	盅儿	钟点儿	种花儿	重活儿	轴儿	皱纹儿
珠儿	猪倌儿	竹竿儿	主角儿	主心骨儿	住家儿	抓阄儿
爪尖儿	爪儿	转角儿	转脸儿	转弯儿	装相儿	坠儿
准儿	桌面儿	滋味儿	滋芽儿	字面儿	字儿	字帖儿
字眼儿	走板儿	走道儿	走调儿	走神儿	走味儿	走样儿
嘴儿	昨儿	作料儿	左边儿	坐垫儿	坐儿	座位儿
做伴儿	做活儿	做声儿				

第三节 轻 声

一、轻声的定义

汉语普通话音节都有固定的一个声调,可是某些音节在词和句子中失去了它原有的声调,读成一种轻短模糊的调,这就是轻声。

轻声是一种特殊的变调现象。普通话的轻声都是从阴、阳、上、去四个声调变化而来的,如"哥哥、婆婆、姐姐、弟弟",所以,轻声没有固定的调值,不是四声之外的第五种声调,而是四声的一种特殊音变。例如,"消息、石头、朋友、月亮"等词语中的"息、头、友、亮",单念时各自都有固定的声调,分别是阴平、阳平、上声、去声,但在这些词语中都读得既轻又短了。鉴于以上原因,轻声不标调号。

在普通话中,轻声音节一般位于双音节词或词语的后一音节,如"厚道、稀罕"等。在多音节词语中,轻声音节一般也在中间或后面,如"糊涂虫、功夫茶",第二个音节读轻声;"泡蘑菇、翘尾巴",第三个音节读轻声;"黑不溜秋、稀里糊涂",第二个音节读轻声;"胳膊肘子、木头疙瘩",第二、四音节读轻声。

二、轻声的作用

1. 区别词义和词性

例如,"兄弟"指哥哥和弟弟,而把"弟"读轻声的"兄弟",单指弟弟;"言语"指所说的话,而把"语"读轻声的"言语",指开口、招呼;"运气"指武术气功的一种健身方法,而把"气"读轻声的"运气",指幸运;"老子"指古代哲学家,而把"子"读轻声的"老子",指父亲;"过去"是时间词,而把"去"读轻声的"过去",指离开此地点向另一地点去;"东西"指方向,而把"西"读轻声的"东西",指物件;"本事"指作品主题所根据的故事情节,而把"事"读轻声的"本事",指本领。

2. 赋予节律美感

轻声是普通话语音系统的一个重要特征,从本质上来说,轻声是一种韵律。轻声使普通话语音变得抑扬顿挫,富有音乐美。

三、轻声的音节有哪些

(1)语气词"啦、吧、吗、呢、哪、呀、啊、嘛、哇"等读轻声。

(2)助词"的、地、得、着、了、过"读轻声。

(3)词尾的"子、儿、头"和表示多数的"们"读轻声。

(4)表示方位的词"里、上、下、中、边"等读轻声。

(5)表示趋向的动词"去、来、起来、回来、出去、上来、下去、上、下"等读轻声。

（6）重叠动词和重叠名词的第二个音节读轻声。
（7）夹在动宾短语中间的量词有的读轻声。
（8）单纯词的第二个音节一般读轻声。
（9）部分双音节词的第二个音节读轻声。

四、轻声的读法

一般来说，阴平、阳平、去声后面读的调子比前一个音节要低，其调值可大致描述为短促的低降调；上声后面的轻声比前面的音节要高一些，其调值大致可描述为短促的半高平调。需注意的问题是：不能为了发轻声而发生"吃字""吞字"现象。

五、常用轻声字

（1）助词"的、地、得、着、了、过"和语气词"吧、嘛、呢、啊"等。如：

红的花	慢慢地走	高兴得很	坐着看	去过了	行啊	对吗
请说吧	干什么呢	红的	悄悄地	洗得干净	吃了	见过
疼吗	他呢	好啊

（2）部分单纯词中的叠音词和合成词中重叠式的后一音节。如：

妈妈	弟弟	姑姑	娃娃	坐坐	劝劝	催催
看看（合成的）	试试	尝尝	学学	星星	宝宝	猩猩
奶奶	姥姥	太太	蛐蛐	哥哥	叔叔	框框
听听	研究研究	考虑考虑	锻炼锻炼

（3）构词后缀"子、头"和表示群体的"们"等。如：

桌子	椅子	燕子	辫子	石头	馒头	尾巴	什么	板子
牌子	本子	日子	面子	脑子	孩子	稻子	镜子	骨头
石头	拳头	枕头	罐头	木头	看头	盼头	甜头	苦头
人们	他们	你们	我们	咱们	先生们	客人们	同学们	代表们

（4）名词、代词后面表示方位的语素或词。如：

桌上	楼下	屋里	窗外	村边	马路上	山下
地底下	村子里	箱子里	前边	左边	外面	火车上面
墙上	地下	底下	这边	里面

（5）动词、形容词后面表示趋向的词"来、去、起来、下去"等。如：

走进来	送来	起来	过去	出去	上去	走出去
走上来	走下去	热起来	说出来	夺回来	冷下去	跑过去
拿来	进来	回来	下来	寄去	回去	坐起来
说出来	搬下来	冷起来	跑回去	跳过去	热下去

（6）量词"个"一般读轻声。如：

| 一个 | 两个 | 三个 | 五个 | 十个 | 几个 | 这个 | 那个 | 哪个 |

每个　某个

(7) 两个叠词中间的"一"或"不"读轻声。如：

看一看　走一走　来不来　好不好

(8) 一些常用的双音节词,第二个音节习惯上要读轻声。如：

先生	明白	事情	工夫	告诉	姑娘	暖和	马虎	耳朵
玻璃	萝卜	玫瑰	牡丹	琵琶	葫芦	东西	胳膊	窗户
西瓜	吩咐	招呼	风筝	天气	关系	包袱	宽敞	云彩
石榴	蘑菇	笤帚	容易	合同	头发	毛病	磨蹭	残疾
脑袋	体面	喜鹊	宝贝	扁担	养活	眼睛	姐夫	苦处
使唤	搅和	报酬	部分	算盘	伺候	漂亮	困难	热闹
意思	用处	辈分	晃荡	护士	买卖	算盘	消息	干部
动静	应付	清楚	稀罕	力量	便宜	客气	扫帚	精神
亮堂	丈夫	行李						

(9) 下面词语里加着重号的字一律读轻声。如：

黑不溜秋　傻不愣登　糊里糊涂　啰里啰嗦

◎ [发音训练]

1. 选择下列句子中轻声的字,圈出来。

(1) 兴安岭多么会打扮自己呀:青杉作衫,白桦为裙,还穿着绣花鞋。

(2) 爷爷一定站在大门口,眯缝着眼睛看那乡村教堂的红亮的窗户。

(3) 伙计们捉弄我,他们打发我上酒店去打酒。

(4) 我看见慈祥的外公大发脾气,我心里又害怕又奇怪。

(5) 天空洒满了快活的眨着眼的星星,天河显得很清楚,仿佛为了过节,有人拿着雪把它擦亮了似的。

2. 朗读下列词语,注意轻声音节的读音。

苗条	衣服	精神	耽误	庄稼	秧歌	招牌	舒坦	煎饼	烟筒
东西	甘蔗	师傅	踏实	交情	知识	消息	商量	先生	关系
学生	朋友	棉花	核桃	黄瓜	糊涂	拾掇	累赘	逻辑	眉毛
粮食	合同	麻烦	模糊	脾气	凉快	学问	琢磨	觉得	便宜
眼睛	已经	有的	显得	本着	搅和	数落	喇嘛	比方	晓得
早晨	老实	你们	暖和	耳朵	舍得	妥当	脑袋	讲究	嘴巴
动静	热闹	月亮	扫帚	故事	热乎	似的	大方	队伍	告诉
漂亮	后边	护士	记得	近视	志气	客气	快活	骆驼	这个

3. 绕口令练习。
(1) 天上日头，嘴里舌头。地上石头，桌上纸头。
大腿骨头，小脚趾头。树上枝头，集上市头。
(2) 小兔子，开铺子。
一张小桌子，两把小椅子，
三根小绳子，四个小匣子，
五管小笛子，六条小棍子，
七个小盘子，八颗小豆子，
九本小册子，十双小筷子。

附录：普通话水平测试用必读轻声词语表

说明：
(1) 本表仅供参加普通话水平测试的考生使用。
(2) 收词范围是普通话水平测试第二项中所有可能出现的轻声词语。
(3) 共收词545条(其中"子"尾词206条)，按汉语拼音字母顺序排列。

A：爱人　案子

B：巴掌　把子　爸爸　白净　班子　板子　帮手　梆子　膀子　棒槌　棒子　包袱
　　包涵　包子　豹子　杯子　被子　本事　本子　鼻子　比方　鞭子　扁担　鞭子
　　别扭　饼子　拨弄　脖子　簸箕　补丁　不由得　不在乎　步子　部分

C：裁缝　财主　苍蝇　差事　柴火　肠子　厂子　场子　车子　称呼　池子　尺子
　　虫子　绸子　除了　锄头　畜生　窗户　窗子　锤子　刺猬　凑合　村子

D：耷拉　答应　打扮　打点　打发　打量　打算　打听　大方　大爷　大夫　带子
　　袋子　耽搁　耽误　单子　胆子　担子　刀子　道士　稻子　灯笼　提防　笛子
　　底子　地道　地方　弟弟　弟兄　点心　调子　钉子　东家　东西　动静　动弹
　　豆腐　豆子　嘟囔　肚子　肚子　缎子　对付　对头　队伍　多么

E：蛾子　儿子　耳朵

F：贩子　房子　份子　风筝　疯子　福气　斧子

G：盖子　甘蔗　杆子　秆子　干事　杠子　高粱　膏药　稿子　告诉　疙瘩　哥哥
　　胳膊　鸽子　格子　个子　根子　跟头　工夫　弓子　公公　功夫　钩子　姑姑
　　姑娘　谷子　骨头　故事　寡妇　褂子　怪物　关系　官司　罐头　罐子　规矩
　　闺女　鬼子　柜子　棍子　锅子　果子

H：蛤蟆　孩子　含糊　汉子　行当　合同　和尚　核桃　盒子　红火　猴子　后头
　　厚道　狐狸　胡琴　糊涂　皇上　幌子　胡萝卜　活泼　火候　伙计　护士

J：机灵　脊梁　记号　记性　夹子　家伙　架势　架子　嫁妆　尖子　萤子　剪子
　　见识　毽子　将就　交情　饺子　叫唤　轿子　结实　街坊　姐夫　姐姐　戒指

第四章 普通话的音变

	金子	精神	镜子	舅舅	橘子	句子	卷子				
K:	咳嗽	客气	空子	口袋	口子	扣子	窟窿	裤子	快活	筷子	框子	困难
	阔气										
L:	喇叭	喇嘛	篮子	懒得	浪头	老婆	老实	老太太	老头子	老爷	老子
	姥姥	累赘	篱笆	里头	力气	厉害	利落	利索	例子	栗子	痢疾	连累
	帘子	凉快	粮食	两口子	料子	林子	翎子	领子	溜达	聋子	笼子
	炉子	路子	轮子	萝卜	骡子	骆驼
M:	妈妈	麻烦	麻利	麻子	马虎	码头	买卖	麦子	馒头	忙活	冒失	帽子
	眉毛	媒人	妹妹	门道	眯缝	迷糊	面子	苗条	苗头	名堂	名字	明白
	蘑菇	模糊	木匠	木头
N:	那么	奶奶	难为	脑袋	脑子	能耐	你们	念叨	念头	娘家	镊子	奴才
	女婿	暖和	疟疾
P:	拍子	牌楼	牌子	盘算	盘子	胖子	狍子	盆子	朋友	棚子	脾气	皮子
	痞子	屁股	片子	便宜	骗子	票子	漂亮	瓶子	婆家	婆婆	铺盖
Q:	欺负	旗子	前头	钳子	茄子	亲戚	勤快	清楚	亲家	曲子	圈子	拳头
	裙子
R:	热闹	人家	人们	认识	日子	褥子
S:	塞子	嗓子	嫂子	扫帚	沙子	傻子	扇子	商量	上司	上头	烧饼	勺子
	少爷	哨子	舌头	身子	什么	婶子	生意	牲口	绳子	师父	师傅	虱子
	狮子	石匠	石榴	石头	时候	实在	拾掇	使唤	世故	似的	事情	柿子
	收成	收拾	首饰	叔叔	梳子	舒服	舒坦	疏忽	爽快	思量	算计	岁数
	孙子
T:	他们	它们	她们	台子	太太	摊子	坛子	毯子	桃子	特务	梯子	蹄子
	挑剔	挑子	条子	跳蚤	铁匠	亭子	头发	头子	兔子	妥当	唾沫
W:	挖苦	娃娃	袜子	晚上	尾巴	委屈	为了	位置	位子	蚊子	稳当	我们
	屋子
X:	稀罕	席子	媳妇	喜欢	瞎子	匣子	下巴	吓唬	先生	乡下	箱子	相声
	消息	小伙子	小气	小子	笑话	谢谢	心思	星星	猩猩	行李	性子
	兄弟	休息	秀才	秀气	袖子	靴子	学生	学问
Y:	丫头	鸭子	衙门	哑巴	胭脂	烟筒	眼睛	燕子	秧歌	养活	样子	吆喝
	妖精	钥匙	椰子	爷爷	叶子	一辈子	衣服	衣裳	椅子	意思	银子
	影子	应酬	柚子	冤枉	院子	月饼	月亮	云彩	运气
Z:	在乎	咱们	早上	怎么	扎实	眨巴	栅栏	宅子	寨子	张罗	丈夫	帐篷
	丈人	帐子	招呼	招牌	折腾	这个	这么	枕头	镇子	芝麻	知识	侄子
	指甲	指头	种子	珠子	竹子	主意	主子	柱子	爪子	转悠	庄稼	庄子
	壮实	状元	锥子	桌子	字号	自在	粽子	祖宗	嘴巴	作坊	琢磨

第四节 "啊"的音变

"啊"有两种用法:作叹词和作语气词。

一、"啊"作叹词

"啊"作叹词用时,出现在句子开头。这时的"啊"韵母不变,但在音高上有着阴平、阳平、上声和去声四种不同调类的变化。读哪种声调与说话人所要表达的思想感情有着密切的关系,正因为这种原因,不同声调的"啊"透露出不同的语气语调。例如:

啊(ā),真美呀!(读阴平,表示惊异、赞叹)

啊(á),怎么搞成这样?(读阳平,表示惊讶和遗憾)

啊(ǎ),这是怎么回事呀!(读上声,表示惊疑)

啊(à),我回去。(读去声,表示应诺、恍然大悟等)

需要说明的是,"啊"读阴平和去声都可以表示惊异和赞叹,可根据具体的表达需要确定语气。读去声时,表示应诺(音短)、恍然大悟(音长)、舞台朗诵中表示的赞叹(音较长)。例如:

啊,我去就是了。

啊,原来如此。

啊,黄河!

二、"啊"作语气词

"啊"作语气词用时,读轻声,由于处于语流的末尾,其读音受前面音节末尾音素的影响而发生变化。其音变规律如下:

(1)当"啊"前面的那个音节末尾音素是"a,o,e,i,ü,ê"时,"啊"读 ya,书面上也可以写作"呀"。例如:

韵母为 a:

她进步怎么这么大啊(dàya)!

韵母为 ia:

瞧,多干净的家啊(jiāya)!

韵母为 o:

上坡啊(pōya)!

韵母为 e:

大哥啊(gēya)!

韵母为 i:

桂林的水真奇啊(qíya)!

韵母为 ü:

快去啊(qùya)!

韵母为üe:

好大的雪啊(xuěya)!

(2)当"啊"前面音节末尾音素是u或韵母是ao、iao时,"啊"字读成wa,也可以写作"哇"。例如:

你要不要点儿醋啊(cùwa)?

你到底走不走啊(zǒuwa)?

唱得多好啊(hǎowa)!

瞧啊(qiáowa)!

(3)当"啊"前面音节末尾音素是-n时,"啊"字读na,也可以写作"啊"。例如:

我的天啊(tiānna)!

现如今啊(jīnna)!

你在弹琴啊(qinna)?

(4)当"啊"前面音节末尾音素是-ng时,"啊"字读nga,仍可以写作"啊"。例如:

这座桥可真长啊(chángnga)!

快上啊(shàngnga)!

这不可能啊(néngnga)!

(5)当"啊"前面音节末尾音素是舌尖后元音-i后和卷舌韵母er时,"啊"字读ra,仍可以写作"啊"。例如:

这是你们老师啊(shīra)?

怎么这么直呀(zhíra)?

女儿啊(érra)!

(6)当"啊"前面音节末尾音素是舌尖前元音-i前时,"啊"字读[za],仍可以写作"啊"。例如:

你不认识这个字啊[za]!

这是谁的帽子啊[za]?

你可要三思啊[za]!

以上规律可归纳成下表:

例 句	"啊"前音节尾音		读音
是他啊!好多啊!	a	o	
喝啊!写啊!	e	ê	ya
学习啊!下雨啊!	i	ü	
书啊!好啊!	u	ao	wa
天啊!小心啊!	n		na
唱啊!好冷啊!	ng		nga
什么事啊?几次啊?	-i(前)	-i(后)	[za](前) ra(后)

在书面语中,由于写作者习惯不同,或者不了解语气词"啊"的音变规律和相应的汉字书写形式,语气词"啊"的写法比较混乱。当我们将书面语转变为口语表达时,往往无所适从。如果按音变规律变读,书面上可能没有表示出来;如果按书写形式去读,由于不符合变读规律,读出来就会很别扭。这需要我们在朗读时注意分辨,按照语气词"啊"的音变规律变读。

◎ [发音训练]

1. 请按"啊"的音变规律朗读下面的句子。

(1) ya—(在 a、o、e、i、ü、ê 音素后面时):
快打啊!
就等你回家啊!
夸啊!
大家快来吃菠萝啊!
都是记者啊!
好新潮的大衣啊!
日子过得真快啊!
快帮我解围啊!
你怎么不吃鱼啊?
这孩子多活跃啊!

(2) wa—(在 u 音素后面时,包括 ao、iao):
您在哪儿住啊?
他普通话说得真好啊!
还这么小啊!
屋顶还漏不漏啊?
看你一身油啊!

(3) na—(在-n 音素后面时):
这件事儿可不简单啊!
笑得真欢啊!
买这么些冷饮啊!
发音真准啊!

(4) nga—(在 -ng 音素后面时):
小心水烫啊!
小点儿声啊!
行不行啊?
不管用啊!

(5) [zɑ]—(在舌尖前元音 -i 后面时)：

烧茄子啊！

这是第几次啊？

他就是老四啊！

(6) rɑ—(在舌尖后元音 -i、卷舌元音 er 后面时,在儿化韵后面时)：

没法治啊！

随便吃啊！

什么了不起的事啊！

他是王小二啊！

这儿多好玩儿啊！

2. 下面是语气词"啊"的部分不规范用法,请按照语气词"啊"的音变规律变读。

钱这东西,多少才是多哇？

这块丑石,多占地面呀,抽空把它搬走吧。

多么美丽的一片梨树林呀！

没有呀！我真没收到呀！

我吃得很多,并没有不舒服呀！

家乡的桥呀,我梦中的桥！

3. 根据"啊"的音变规律,注出下列句子中语气词"啊"的实际读音和符合音变规律的汉字的写法,并反复朗读。

你发音真准啊！　　　　　　怎么办啊？

他普通话说得真好啊！　　　大家快来吃菠萝啊！

您在哪儿住啊？　　　　　　好新潮的大衣啊！

什么了不起的事啊！　　　　孩子们笑得多欢啊！

别打啊！　　　　　　　　　先别夸啊！

电脑你还学不学啊？　　　　这儿多好玩儿啊！

快帮我解围啊！　　　　　　随便吃啊！

等你回家啊！　　　　　　　屋顶还漏不漏啊？

小心水烫啊！　　　　　　　没法治啊！

你怎么不吃鱼啊？　　　　　这是第几次啊？

不管用啊！　　　　　　　　你小点儿声啊！

日子过得真快啊！　　　　　原来如此啊！

还这么小啊！　　　　　　　这些书啊,都是我精心挑选的。

第五章　普通话朗读

普通话朗读在口语表达中有着重要的作用,小学、中学各阶段的语文教学中,普通话朗读占有很重要的地位,因此,很多语文老师非常重视朗读的训练。

第一节　朗读的意义

小学生学习汉语言都是从琅琅的读书声开始的,许多人认为朗读就是放大声音来念文字,这种认识是否正确呢?

一、什么是普通话朗读

普通话朗读就是把书面语言转化为发音规范的有声语言的再创作活动。它是一种口头语言的艺术,朗读的过程就是把文字转化为有声语言的一种创造性劳动的过程。

朗读不是朗诵。朗诵是一种艺术表演,通常在文艺活动中使用,在语言表达的幅度上要比朗读大,还需要借助一定的表情和手势来强化它的表达效果,舞台演出还需要化妆。而朗读主要是在课堂上、播音室里和各种会议上,用接近生活语言的真实来表达文字的内容,使听者感到亲切自然。另外,朗读可以看着作品读,而朗诵一般要脱稿表演。

朗读也不是"念读"。念读一般是为理解书面语言而念,不求再现作品内容和思想感情以感应听者,不讲求表达技巧,朗读则要求朗读者对作品能理解、会表达,代表作者表达作品的思想感情。

朗读作者写出的文学作品,也不是单纯地照字念音,它要求朗读者在认真分析、理解文字作品的基础上,进行深入的感受、体味,然后有感而发,运用有声语言的各种表达技巧,准确、形象、生动地表达出原作的思想内容和作者的思想感情。同时,朗读会不可避免地融入朗读者个人的理解。可以说,朗读是再创作活动。

二、普通话朗读的意义

朗读的社会作用与它的特点是紧密联系的。在社会上,大至播送国内外大事,小至会议上的报告、讲稿和通知,都离不开朗读。朗读能够迅速直接地把书面材料所表达的内容传递给听众,有很大的宣传使用价值。

朗读训练是普通话口语表达训练的有机组成部分,它既是学习普通话正音的继续,又是普通话说话训练的开始。用普通话朗读,可以逐步纠正方音,熟练运用语言技巧,提高普通话水平,是口语表达训练初级阶段最为理想的形式。此外,普通话朗读还具有以下意义。

1. 朗读可以深入理解、体味文字作品,从作品中汲取丰富的精神营养

朗读者声情并茂的朗读,不仅可以使听者理解作品,还可以把听者带入作品的意境,体验作品的生活情景,体会作者的思想感情。同时,朗读能引导朗读者和听者走向文字作品更深的去处,其感人力量要超过文字作品本身。尤其是朗读那些优秀的文学作品,可以陶冶情操、启迪思想、净化心灵,激励人们蓬勃向上、奋发有为。例如,朗读《黄河颂》能唤起中华民族自强不息的精神;《妈妈喜欢吃鱼头》作品中呈现出的其乐融融、情真意切的母爱画面,读来使人感触颇深,禁不住产生共鸣,联想起自己的母亲和全天下千千万万的母亲,由衷赞美平凡、伟大、无私的母爱。

2. 普通话朗读可以锻炼说话和写作能力

通过朗读,可以训练发音技能,使说话字音清晰;可以积累语言材料,使说话词语丰富生动;可以借鉴规范的句子,使说话通顺简练;可以熟悉语调语气的各种变化,使说话生动活泼,富于表情。例如,有人说话吭吭哧哧,词不达意,语无伦次,催人欲睡,如果经常朗读一些优秀的文字作品,有助于规范口语、记忆字词、积累词汇,领会不同语句的感情色彩,锻炼正确、流利、清晰、富于表情的说话技巧,促进口头言语表达能力的发展(比如口吃的人通过朗读优秀的文学作品进行训练,能矫正口吃的毛病)。

朗读还可以丰富写作知识,提高书面语言的表达能力。因为朗读能够细致体察文章的语言特点,掌握文章的结构,学习名家名篇的表达方法,感觉不同文体的风格特色。朗读的过程,也就是汲取优秀文字作品营养的过程。朗读者在朗读中学到的语言知识、写作技巧和思维方式都会潜移默化地影响日常生活的说话和写作,从而提高口头语言和书面语言的表达能力。

3. 普通话朗读有助于发挥汉语语言的感染力

当朗读者把文字作品变为有声语言的时候,那感人的力量比文字作品本身更加强烈。因为作品语言里包含着思想感情和音韵节律美感,通过朗读者深刻的体会、感受,运用熟练的技巧和声音的魅力传递出来,可以更好地发挥汉语语言的感染力。尤其是朗读那些优秀的经典文学作品,不仅有情操的陶冶、心灵的感染以及思想的启迪,同时对读者与听者而言都是一种美的享受。

三、普通话朗读的基本要求

1. 深入理解作品

理解作品是朗读的先决条件和基础。朗读的正确途径应该是从理解到表达,在理解的基础上表达。那种有口无心和尚念经式的朗读,或是"自我陶醉"感情泛滥式的朗读,都是对作品缺乏深刻正确的理解的体现。朗读者只有对文学作品里的每个词句的含义,它的语言环境、地位、作用和所蕴含的思想感情有深刻的理解和感受,把作者的感情化作朗读者自己的感情,把作者急切反映现实生活的创作冲动变成自己热切倾诉的愿望,朗读时才能语意连贯,感情奔放,情随意转,以情带声。

要理解作品,除了了解语句的含义、掌握作品的主题思想外,还应该掌握作品的结构:明确作品有几部分,哪里是重点,哪里是过渡或陪衬;总纲是什么,分项有多少。只有这样,才能运用各种技巧,层次分明、有条不紊地表达作品的思想感情。

比如朗读作品1号《白杨礼赞》,首先就有一个理解作品中心思想的问题。这篇短文景色描写得很美,但不是一般地写景抒情,而是对中国共产党领导下的抗日军民的歌颂。如果不理解作品的立意,采用过分抒情的基调就有悖于原意了。

又如朗读作品28号《迷途笛音》,其中有这样一段:

"你好,小家伙儿,"卡廷说,"看天气多美,你是出来散步的吧?"

我怯生生地点点头,答道:"我要回家了。"

"请耐心等上几分钟,"卡廷说,"瞧,我正在削一支柳笛,差不多就要做好了,完工后就送给你吧!"

从文字上看,卡廷说话带有些许冷冷的语气,但如果深入理解,就会感受到"卡廷先生以乡下人的纯朴,保护了一个小男孩儿强烈的自尊"的细腻和热情。

2. 语音准确规范

掌握普通话的标准发音是朗读者必备的基本条件。要读准字音,就必须认读生字,纠正方音,并能按义定音,读出音变。

发音准确的标准就是在吐字发音上对声母、韵母、声调有严格要求。声母要读得坚实有力,韵母要读得响亮完整(韵腹读准确,韵尾不含糊),声调要清晰。要"咬"字,不要"吃"字。这样,一个音节念出来,必然清晰、圆润、有力。而学习汉语拼音字母正是练习吐字发音达到准确的基本手段。

3. 语句流利通畅

朗读时,要把语句读得通顺、流畅、明白、自然、干净利落。不添字,不丢字,不颠倒重复字词,不破词破句,也不能像平时说话一样随随便便、不讲节奏,任意破坏作品语言的完整性。如果读得拖泥带水、结结巴巴,不仅会破坏文章的表现力,还会造成语义的费解和误解,在普通话水平测试时也会因此而失分。

4. 感情基调真实

真挚的感情是朗读的生命,作者的爱憎悲喜都融注在作品的字里行间。朗读时不仅要达意,而且要传情。

有感情的朗读,要在理解作品内容的基础上,深入发掘作品蕴含的丰富而细微的感情变化,边读边想,设身处地、身临其境,从而调动起自己的真情实感,使作品的字字句句如同从自己心中流出;同时,还要确定好作品的感情基调,是昂扬有力、深沉坚定、喜悦明快,还是悲愤凝重、豪放舒展、清新细腻……

处理作品具体感情的变化,还应该恰当地运用有声语言的各种表达技巧,如语速的快慢、重音与强调、停顿与连接、语调的抑扬等,都要根据表情达意的需要进行恰当的艺处理。

5. 语调自然朴素

朗读使用的语言,必须是活生生的生活语言,但它又不等同于"拉家常式"的自然语言。它比自然语言更规范、更典型、更生动、更具美感。朗读的语言要朴实、真挚,以情带声,以声传情,声情并茂,切忌脱离作品实际,矫揉造作,拿腔捏调,使朗读显得虚假,弄巧成拙,破坏朗读效果。有些人朗读脱离生活,喜欢拿腔作调的"播音腔""舞台腔"和"朗诵腔"。朗读还要切忌表面化地、形式化地套用停顿、重音、语速、升降等技巧。比如有人一碰到文章中的重音性词语就一味放大音量,遇到感情激动之处就一定用很高的嗓音。其实,语音的重和轻、高和低、停和连都是统一物的两个对立面,互相依存,互相转化。都是重音,也就没有了重音,变成大嗓门了;没有慢速,也就不存在快速。有时突出重点也可以用轻读、低调、慢速来表达。例如,"骆驼很高,羊很矮","高"和"矮"都是语法重音,但是骆驼和羊的形象完全不同,朗读时就可以作不同的处理,可把"高"读得高些强些,把"矮"读得低些弱些。总之,我们应该从思想内容出发,从语言本身的规律出发,辩证地运用语言技巧,做到真切、自然、朴实。

第二节 朗读的表达方法

朗读的表达方法是实现朗读目的的重要手段。朗读时,为了更好地表达作品思想感情,句子语调的抑扬、语速的疾缓、语音的轻重、语句的顿歇等声音表现技巧的运用很重要。因此,朗读方法应分两步训练:第一步是"内部心理状态"训练,包括形象感受、逻辑感受、内在语气等;第二步是"外部表达技巧"训练,包括语调、停连、重音、节奏等。

一、内部心理状态

(一)感受

感受是理解和表达之间的桥梁,也是调动感情的基础。感受可分形象感受和逻辑感受两种。

1. 形象感受

形象感受是从作品的文字语言所包含的形象中获得的具体感受。它要求朗读者根据文字描述,在作品形象性词语的刺激下,调动自己的记忆联想和再造想象。感知(看到、嗅到、尝到、触到等)具体事物的形象,并产生相应的内心体验,这就叫作有动于衷。

朗读者要善于发挥记忆联想和再造想象的能力,以增强有声语言表达的强烈感染力。如《卖火柴的小女孩》第一段:"天冷极了,下着雪,又快黑了。""冷、雪、黑"这些实词,刺激着朗读者的视觉、触觉等感官,因此,朗读者不应仅仅把它们看成是白纸黑字,而应透过这些表达形象的字词,产生视觉想象,看到"雪花、天黑",从而感到"冷极了"。又如:"热心肠同志送我两瓶。一开瓶子塞儿,就是那么一股甜香;调上半杯一喝,甜香里带着股清气,很有点鲜荔枝的味儿。"当朗读者读到"一开瓶子塞儿"时,由于生活经验的作用,会情不自禁地抽一下鼻子,深吸一口气,觉得一股甜香味扑鼻而来。当然,实际我们什么也没闻到,只有白纸上几个黑字给我们的刺激、感受罢了。这就是嗅觉想象和味觉想象给予朗读者的感受。

2. 逻辑感受

逻辑感受是指从作品的脉络结构和语句之间的逻辑关系得到的具体感受,也可以说是对作者思想的一种再体验。逻辑感受包括并列、对比、递进、转折、主次、总括等多种感受。

形象感受和逻辑感受在朗读中应相互结合,缺一不可。只有逻辑感受,朗读就会变成干巴巴的几条筋,虽严谨却不生动;相反,只有形象感受,朗读就会有句段而无全篇。二者相互交织,完美结合,才能为朗读准备好恰切扎实的内在依据。

(二)内在语

没有内在语,有声语言就会失去光彩和生命。要学会在朗读中运用"内在语"的力量,赋予语言一定的思想态度和感情色彩。

(1)朗读时,内在语要像一股巨大的潜流,在朗读者的语言底下不断滚动着,赋予有声语言以根据、以生命。内在语的潜流越厚,朗读也就越有深度,越有"味儿"。

(2)作品中的某些词语和句子,有时并不服从其直接含义或表面意思。如用"恳求"的语气来命令,用"命令"的语气来劝告;"亲爱的"一词也可以表示"恨","你真坏"一句也可以是"你真好"。

例如,朗读《卖火柴的小女孩》中的一段话:

……奶奶把小孩抱起来,搂到怀里。她们俩在光明和快乐中飞走了,越飞越高,飞到那没有寒冷、没有饥饿、没有痛苦的地方了。

从文字表面看,这一段的基调应该是快慰的、幸福的、欢乐的,但从故事内容和主题思想来理解,这些词语的内在语潜流是极为痛苦、悲惨的。就当时的社会而言,人只有死亡才能永远摆脱寒冷和饥饿。朗读时,应该使这些反义的内在语在文字下面滚动,将小女孩冻饿而死的悲惨结局,感人地表达出来。

(三)语气

语气,从字面上理解,"语"是通过声音表现出来的"话语","气"是支撑声音表现出来的话语的"气息状态"。朗读语气则包含两个方面的内容:既有内在的思想感情的色彩和分量(也称"神"),又有外在的快慢、高低、强弱、虚实的声音形式(又称"形"),所以说,语气就是朗读中"话语"的"神"与"形"的结合体。

朗读时,朗读者的感情、气息、声音状态,与表达有着极为密切的关系。声音受气息支配,气息则由感情决定,有什么样的感情,就产生什么样的气息;有什么样的气息,就有什么样的声音状态。语气运用的一般规律是:喜则气满声高,悲则气沉声缓,爱则气缓声柔,憎则气足声硬,急则气短声重,疑则气细声粘,静则气舒声平。当然,感情的引发不是随心所欲的,而要受到朗读目的和语言环境的制约。例如,朗读《七根火柴》中的一段话:

……他蓦地抽回手去,深深地吸了一口气,用尽所有的力气举起手来,直指着正北方向,"好,好同志……你……你把它带给……"

这句话,是长征中一位红军战士临终前勉强说出来的。朗读时,感情是悲壮的,气息是短促的,声音是虚弱的、断续的。

又如,朗读《最后一次讲演》(闻一多)中的一段话:

……今天,这里有没有特务?你站出来!是好汉的站出来!你出来讲……

这段话,是闻一多在极度愤怒的语境中说的。朗读时,感情应是憎恨的,气息是充沛的,语调是强硬的。

二、外部表达技巧

一般说来,要朗读好一篇文章,除了有充分的感受、理解外,还要借助相应的外部表达技巧,借助停连、重音、语调、节奏等,才能准确地传达文章的内容,生动地表达作者所要表达的思想感情。

(一)停连

包括停顿和连接,是指语流中声音的中断和延续。

1. 停顿

停顿指声音的中断,它是人们生理上换气的需要,也是表情达意的需要。合理的停顿是准确、清楚地表达文章内容的首要条件。生理上需要的顿歇(换气)必须服从于心理状态的需要,不能破坏语意的完整。

停顿可以分为语法停顿和逻辑停顿(又叫强调停顿)。

(1)语法停顿是句子中一般的间歇,反映句子结构中的语法关系。标点符号是语法停顿的主要标志,段落也可以看作语法停顿的标志。同样一句话,有无停顿,意思会不一样,如:

我赞成他,也赞成你,怎么样?(赞成他和你)

我赞成,他也赞成。你怎么样?(我和他都赞成)

一般说来,语法停顿时间的长短,跟标点符号所表示的语法结构的层次大致相应:段落＞句号、问号、叹号、省略号＞分号、冒号＞逗号＞顿号。

较长的句子中间没有标点符号时,可按语法结构成分来停顿,如:

森林维护地球生态环境的/这种"能吞能吐"的特殊功能/是其他任何物体/都不能取代的。(作品31号)

(2)逻辑停顿是指在没有标点符号的地方,为了强调语意、观点、事情所作的停顿。逻辑停顿是为了强调某一事物,突出某个语意或某种感情所运用的停顿。这是由个人说话的意图和情绪变化决定的。它可以跟语法停顿一致,即强调停顿的地方正好也是语法停顿的地方,这时需要在语法停顿的基础上变化停顿时间,或延长或缩短;也可以跟语法停顿不一致,即语法上不应该停顿的地方也可以停顿。如:

好像我背上的同她背上的加起来,就是/整个世界。(作品33号)

"就是整个世界"句内原可不必停顿,但是如果在"整个"之前用个停顿,就给人以思考的时间,为结论的出现作一个短暂的铺垫,起到强调突出的效果。再如:

莫高窟的彩塑,/每一尊/都是一件/精美的艺术品。//最大的/有九层楼那么高,/最小的/还不如一个手掌大。//这些彩塑/个性鲜明,/神态各异。//有/慈眉善目的菩萨,/有/威风凛凛的天王,/还有/强壮勇猛的力士……(作品29号)

句内都可以有短暂的强调停顿(用/表示),这种强调停顿跟强调重音往往是一致的。上面这个例子中很多停顿的地方都有标点符号,语法停顿和强调停顿是一致的。

2. 连接

连接,是指在有标点符号的地方,缩短停顿时间,把两个句子连起来读。如:

人群里,年长的是大爷,大娘,同年的是大哥,大嫂,兄弟,姐妹,都是亲人。

(二) 重音

重音是指将句子里的某些词语读得比较重一些的语言现象,说话时较用力,读得更加响亮,有强调的意思。句子重音可分语法重音和逻辑重音。

1. 语法重音

语法重音是指句子中的某一成分说得重,其他成分相对轻的一种现象。

(1) 主语和谓语比较,谓语读得重一些。如(加点词重读):

天气暖和了。

他积极而热情。

(2) 动词和宾语比较,宾语读得重一些。如:

读书。

做针线。

讨论问题。

(3) 表性状、程度等的状语和中心语比较,状语读得重一些。如:

他非常高兴。

您慢慢地走哇。

(4) 表结果和程度的补语读得重一些。如:

我们打赢了。

他说得太好了。

房间布置得美观大方。

(5) 疑问代词和指示代词读得重一些。如:

谁找我呀?

什么东西不见了?

要坚持原则,那样做可不行。

为什么哭?

2. 逻辑重音

逻辑重音是指用说得特别重的方式来表示含蓄的意思或某种感情的一种现象。逻辑重音是在特定的具体环境中,针对某种情况而采取的表达手段,言外含有特别的意思和感情,也可叫强调重音和感情重音。主要有两种:一是表示不同意义和情感的语句一般需重读。如"我知道你会唱歌"一句,不同的重音处理,就会表现出不同的意义和感情色彩。

我知道你会唱歌。(别人不一定知道,而我知道)

我知道你会唱歌。(别瞒了,我知道)

我知道你会唱歌。(别人会不会我不知道,反正知道你会)

我知道你会唱歌。(别谦虚了,你会)

我知道你会唱歌。(你会不会别的我不知道,你会唱歌)

二是为表达某种强烈的感情而有意把某些词语重读。如:

然而,火光啊……毕竟……毕竟就在前头!……("毕竟"重读,以强调"火光"虽然曲折遥远,但只要不断努力,光明和希望终会到来)

需要注意的是,重音的方法并不是单纯地加大音量,它不是"加重声音"的简称。突出重音的方法多种多样,主要有下面几种:

一是加强音量,就是有意识地把一些词或词组读得响亮,以增强音势。如:

欢欣,这是一种青春的、诗意的情感。(王蒙《喜悦》)

二是轻读、拖长,就是有意识地将需要重读的音节拖长,用延长音节的办法使重音突出、清晰。如:

山朗润起来了,水涨起来了,太阳的脸红起来了。(朱自清《春》)

三是重音轻读,就是对需要重读的词语发音时气息、声势减弱,轻轻吐出,造成一种"轻中显重"、四两拨千斤的艺术效果。这种技巧常用以表达深沉、凝重、含蓄、细腻的情感。如:

轻轻地我走了,正如我轻轻地来。(徐志摩《再别康桥》)

四是连中有停,语流中,在重音前后运用停顿,以使重音更加鲜明地显现出来,使语句目的更加明确。如:

妈妈/喜欢吃鱼头。(《妈妈喜欢吃鱼头》)

五是实中转虚,利用内心深切的震动,把声音坚实地表达出来。这种方法的表达特点是声多气少。如:

这位伟大的战士,直到最后一息,也没挪动一寸地方,没发出一声呻吟。(《我的战友邱少云》)

(三) 语调

语调是语气外在的快慢、高低、长短、强弱、虚实等各种声音形式的总和。只有语气的千变万化,才有语调的丰富多彩。"曲折性"是语调的根本特征。语调不是字调,不能把它固定在上扬、下降、平直的框框里。朗读时语调的"曲折性",表现在有声语言中,就是语句的行进趋向和态势,也叫"语势"。

目前,一般把语调分成四类:升调、降调、平调、曲折调。

1. 升调

升调指语调由低逐渐升高,表示疑问、反诘、惊奇、命令、呼唤等语气。如:

是你给吃见底了?

原来你懂苏州话。

2. 降调

降调指音调由高逐渐降低,最后一个字读得低而短,表示感叹、祈使、肯定、请求的句子。如:

暴风雨!暴风雨就要来了!

张太太打断道:"没有结婚的,不能称为妻。"

3. 平调

平调指直述语气,语调平直,没有显著的高低升降变化,一般读陈述句时使用。如:

那年我六岁,离我家仅一箭之遥的小山坡上,有一个早已被废弃的采石场。

4. 曲折调

曲折调常用来表示反诘、讽刺和言外之意等特殊感情。如:

难道我还不如这只虫子?

(四) 语速

语速是朗读时话语的速度。语速的快慢取决于作品思想内容与心境情感表达的需要。朗读作品时,只有准确感受作品的思想内容和情感的发展,才能运用不同的语速,恰当表达出作者在文章中所寄托的思想感情。常见的语速类型有以下几种。

1. 轻快型

这种类型语速较快,声音轻而不着力,多扬少抑,有时有跳跃感,它常用来描绘欢快、诙谐的情态。例如:

啊!蜕变的桥,传递了家乡进步的消息,透露了家乡富裕的声音。时代的春风,美好的追求,我蓦地记起儿时唱给小桥的歌,哦,明艳艳的太阳照耀了,芳香甜蜜的花果捧来了,五彩斑斓的岁月拉开了!

我心中涌动的河水,激荡起甜美的浪花。我仰望一碧蓝天,心底轻声呼喊:家乡的桥啊,我梦中的桥!(郑莹《家乡的桥》)

2. 沉稳型

这种类型语速沉缓,音强而着力,多抑少扬,一般用来表示庄重、肃穆或压抑、悲痛的情感。例如:

读小学的时候,我的外祖母去世了。外祖母生前最疼爱我,我无法排除自己的忧伤,每天在学校的操场上一圈儿又一圈儿地跑着,跑得累倒在地上,扑在草坪上痛哭。那哀痛的日子,断断续续地持续了很久,爸爸妈妈也不知道如何安慰我。他们知道与其骗我说外祖母睡着了,还不如对我说实话:外祖母永远不会回来了。(林清玄《和时间赛跑》)

3. 舒缓型

这种类型语速较缓,声音轻柔而不着力,语势舒展平稳,多用来表现幽静、清秀的场景或展现舒缓的情怀。例如:

如今在海上,每晚和繁星相对,我把它们认得很熟了。我躺在舱面上,仰望星空。深蓝色的天空里悬着无数半明半昧的星。船在动,星也在动,它们是这样低,真是摇摇欲坠呢!渐渐地我的眼睛模糊了,我好像看见无数萤火虫在我的周围飞舞。海上的夜是柔和的,是寂静的,是梦幻的。(巴金《繁星》)

4. 强疾型

这种类型语速较快,音强而有力,语势多扬少抑,气急音短,跳跃感强,多用来表现紧张急迫的情景或高昂激愤、难以抑制的情愫。例如:

乌云越来越暗,越来越低,向海面压下来;波浪一边歌唱,一边冲向空中去迎接那雷声。

雷声轰鸣。波浪在愤怒的飞沫中呼啸着,跟狂风争鸣。看吧,狂风紧紧抱起一堆巨浪,恶狠狠地扔到峭崖上,把这大块的翡翠摔成尘雾和水沫。(高尔基《海燕》)

上述分类仅仅是语速的基本类型。事实上,任何一篇文章的朗读都不会是如此简单的定型。语速类型只是对全局性、整体性的概括。在一篇作品中,各种语速类型是互相渗透、互相映衬、互相转换的。这些不同的语速类型及其转换,会把作品表达得更加丰富多彩。

语速的快慢是语言节奏的主要标志。朗读时,音节相连有长有短,有快有慢,有强有弱。语速的疾缓与长短、强弱的反复交替,便形成一种自然节奏,造成语言的音乐性,增强语言的表达效果。

三、普通话水平测试的"短文朗读"要求及其训练

(一) 普通话水平测试中"短文朗读"的要求

普通话水平测试中的第三项"短文朗读",是考查应试人用普通话朗读书面材料的水平。既考查应试人的语音标准程度(声母、韵母、声调),还考查连读音变(上声、"一""不"的变调,轻声,儿化,"啊"的音变)和语调(停顿、重音、语速、句调)等。《普通话水平测试实施纲要》提供了60篇作品供测试朗读用,所以应试人在测试前必须做到:

(1) 在测试前反复练习规定的60篇作品,达到熟练流畅的程度。切不可回读、停顿过多、按音节崩读。

(2) 朗读时语调应自然、平实,尽量读准每一个音节。

(3) 语速快慢要适中。

(二) 普通话水平测试中"短文朗读"的训练

1. 针对作品的体裁特点训练

测试大纲规定的60篇作品主要分为记叙文和议论文两种体裁。各种体裁的作品朗读要求及方法都不一样。

朗读议论文要求就事论理，以理服人，必须透彻地把握作品的内在逻辑关系，以切身的感受和鲜明的态度，用具有逻辑的声音表达出作品的主旨来。朗读时注意以下几点：①论点鲜明，论据有力；②态度明朗，感情含蓄；③语气肯定，重音坚实；④引语的读法应给以突出。

2. 针对测试大纲的要求训练

（1）重点训练"//"前的400个音节。

（2）尽量读准每一个字词的音。要避免出现以下三种情况：①声母、韵母、声调误读；②变调、轻声、儿化、语气词"啊"音变不合规律；③增读、漏读、颠倒、回读。

（3）避免语调偏误。这里的语调主要指朗读中的重音、句调、速度。

（4）正确停连。普通话水平测试"短文朗读"中有一个评分项"停连不当"。停连不当指由不恰当的停顿或连读造成的对词语的肢解或对语义的误解。因换气需要或个人理解造成的短暂停顿（未曲解原文意思）不视为停连不当。

（5）熟练流畅。测试前必须反复朗读大纲提供的60篇作品，朗读不流畅会被扣分。有三种情况属于朗读不流畅：回读、停顿过多、按音节崩读（一个字一个字或一个词一个词地发音）。

附录：普通话水平测试用朗读作品60篇（拼音版）

作品1号

nà shì lì zhēng shàng yóu de yì zhǒng shù bǐ zhí de gàn bǐ zhí de zhī tā de gàn ne
那是力争上游的一种树，笔直的干，笔直的枝。它的干呢，

tōng cháng shì zhàng bǎ gāo xiàng shì jiā yǐ rén gōng shì de yí zhàng yǐ nèi jué wú páng zhī
通常是丈把高，像是加以人工似的，一丈以内，绝无旁枝；

tā suǒ yǒu de yā zhī ne yí lǜ xiàng shàng ér qiě jǐn jǐn kào lǒng yě xiàng shì jiā yǐ rén gōng
它所有的桠枝呢，一律向上，而且紧紧靠拢，也像是加以人工

shì de chéng wéi yí shù jué wú héng xié yì chū tā de kuān dà de yè zi yě shì piàn piàn xiàng
似的，成为一束，绝无横斜逸出；它的宽大的叶子也是片片向

shàng jī hū méi yǒu xié shēng de gèng bú yòng shuō dào chuí le tā de pí guāng huá ér yǒu
上，几乎没有斜生的，更不用说倒垂了；它的皮，光滑而有

yín sè de yùn quān wēi wēi fàn chū dàn qīng sè zhè shì suī zài běi fāng de fēng xuě de yā pò xia
银色的晕圈，微微泛出淡青色。这是虽在北方的风雪的压迫下

què bǎo chí zhe jué jiàng tǐng lì de yì zhǒng shù nǎ pà zhǐ yǒu wǎn lai cū xì ba tā què nǔ lì
却保持着倔强挺立的一种树！哪怕只有碗来粗细罢，它却努力

xiàng shàng fā zhǎn gāo dào zhàng xǔ liǎng zhàng cān tiān sǒng lì bù zhé bù náo duì kàng
向上发展，高到丈许，两丈，参天耸立，不折不挠，对抗

zhe xī běi fēng
着西北风。

这就是白杨树,西北极普通的一种树,然而决不是平凡的树!

它没有婆娑的姿态,没有屈曲盘旋的虬枝,也许你要说它不美丽,——如果美是专指"婆娑"或"横斜逸出"之类而言,那么,白杨树算不得树中的好女子;但是它却是伟岸,正直,朴质,严肃,也不缺乏温和,更不用提它的坚强不屈与挺拔,它是树中的伟丈夫!当你在积雪初融的高原上走过,看见平坦的大地//上傲然挺立这么一株或一排白杨树,难道你就只觉得它只是树,难道你就不想到它的朴质,严肃,坚强不屈,至少也象征了北方的农民;难道你竟一点儿也不联想到,在敌后的广大土地上,到处有坚强不屈,就像这白杨树一样傲然挺立的守卫他们家乡的哨兵!难道你又不更远一点想到,这样枝枝叶叶靠紧团结,力求上进的白杨树,宛然象征了今天在华北平原纵横决荡用血写出新中国历史的那种精神和意志?

——节选自茅盾《白杨礼赞》

作品2号

两个同龄的年轻人同时受雇于一家店铺,并且拿同样的薪水。

可是一段时间后,叫阿诺德的那个小伙子青云直上,而那个叫布鲁诺的小伙子却仍在原地踏步。布鲁诺很不满意老板的不公正待遇。终于有一天他到老板那儿发牢骚了。老板一边耐心地听着他的抱怨，一边在心里盘算着怎样向他解释清楚他和阿诺德之间的差别。

"布鲁诺先生，"老板开口说话了，"您现在到集市上去一下，看看今天早上有什么卖的。"

布鲁诺从集市上回来向老板汇报说，今早集市上只有一个农民拉了一车土豆在卖。

"有多少？"老板问。

布鲁诺赶快戴上帽子又跑到集市上，然后回来告诉老板一共四十袋土豆。

"价格是多少？"

布鲁诺第三次跑到集市上问来了价格。

"好吧，"老板对他说，"现在请您坐到这把椅子上一句话也不要说，看看阿诺德怎么说。"

阿诺德很快就从集市上回来了，向老板汇报说到现在为止只有一个农民在卖土豆，一共四十口袋，价格是多少多少；土豆质量很不错，他带回来一个让老板看看。这个农民一个钟头以后还会弄来几箱西红柿，据他看价格非常公道。昨天他们铺子里的西红柿卖得很快，库存已经不//多了。他想这么便宜的西红柿，老板肯定会要进一些的，所以他不仅带回了一个西红柿做样品,而且把那个农民也带来了,他现在正在外面等回话呢。

此时老板转向了布鲁诺,说:"现在您肯定知道为什么阿诺德的薪水比您高了吧!"

——节选自张健鹏、胡足青主编《故事时代》中《差别》

作品 3 号

我常常遗憾我家门前那块丑石:它黑黝黝地卧在那里,牛似的模样;谁也不知道是什么时候留在这里的,谁也不去理会它。只是麦收时节,门前摊了麦子,奶奶总是说:这块丑石,多占地面呀,抽空把它搬走吧。

它不像汉白玉那样的细腻,可以刻字雕花,也不像大青石那样的光滑,可以供来浣纱捶布。它静静地卧在那里,院边的槐阴没有庇覆它,花儿也不在它身边生长。荒草便繁衍出来,枝蔓上下,慢慢地,它竟锈上了绿苔、黑斑。我们这些做孩子的,也讨厌起它来,曾合伙要搬走它,但力气又不足;虽时时咒骂它,嫌弃它,也无可奈何,只好任它留在那里了。

终有一日,村子里来了一个天文学家。他在我家门前路过,突然发现了这块石头,眼光立即就拉直了。他再没有离开,就住了下来;以后又来了好些人,都说这是一块陨石,从天上落下来已经有二三百年了,是一件了不起的东西。不久便来了车,小心翼翼地将它运走了。

这使我们都很惊奇,这又怪又丑的石头,原来是天上的啊!它补过天,在天上发过热、闪过光,我们的先祖或许仰望过它,它给了他们光明、向往、憧憬;而它落下来了,在污土里,荒草里,一躺就//是几百年了!

我感到自己的无知,也感到了丑石的伟大,我甚至怨恨它这么多年竟会默默地忍受着这一切!而我又立即深深地感到它那种不屈于误解、寂寞的生存的伟大。

——节选自贾平凹《丑石》

作品4号

在达瑞八岁的时候,有一天他想去看电影。因为没有钱,他想是向爸妈要钱,还是自己挣钱。最后他选择了后者。他自己调制了一种汽水,向过路的行人出售。可那时正是寒冷的冬天,没有人买,只有两个人例外——他的爸爸和妈妈。

他偶然有一个和非常成功的商人谈话的机会。当他对商人讲述了自己的"破产史"后,商人给了他两个重要的建议:一是尝试为别人解决一个难题;二是把精力集中在你知道的、你会的和你拥有的东西上。

这两个建议很关键。因为对于一个八岁的孩子而言,他不会做的事情很多。于是他穿过大街小巷,不停地思考:人们会有什么难题,他又如何利用这个机会?

一天,吃早饭时父亲让达瑞去取报纸。美国的送报员总是把报纸从花园篱笆的一个特制的管子里塞进来。假如你想穿着睡衣舒舒服服地吃早饭和看报纸,就必须离开温暖的房间,冒着寒风,到花园去取。虽然路短,但十分麻烦。

当达瑞为父亲取报纸的时候,一个主意诞生了。当天他就按响邻居的门铃,对他们说,每个月只需付给他一美元,他就每天早上把报纸塞到他们的房门底下。大多数人都同意了,很快他有//了七十多个顾客。一个月后,当他拿到自己赚的钱时,觉得自己简直是飞上了天。

很快他又有了新的机会,他让他的顾客每天把垃圾袋放在门前,然后由他早上运到垃圾桶里,每个月加一美元。之后他还想出了许多孩子赚钱的办法,并把它集结成书,书名为《儿童挣钱的二百五十个主意》。为此,达瑞十二岁时就成了畅销书作家,十五岁有了自己的谈话节目,十七岁就拥有了几百万美元。

——节选自[德]博多·舍费尔《达瑞的故事》,刘志明译

作品5号

这是入冬以来,胶东半岛上第一场雪。

雪纷纷扬扬,下得很大。开始还伴着一阵儿小雨,不久就只

见大片大片的雪花，从彤云密布的天空中飘落下来。地面上一会儿就白了。冬天的山村，到了夜里就万籁俱寂，只听得雪花簌簌地不断往下落，树木的枯枝被雪压断了，偶尔咯吱一声响。

大雪整整下了一夜。今天早晨，天放晴了，太阳出来了。推开门一看，嗬！好大的雪啊！山川、河流、树木、房屋，全都罩上了一层厚厚的雪，万里江山，变成了粉妆玉砌的世界。落光了叶子的柳树上挂满了毛茸茸亮晶晶的银条儿；而那些冬夏常青的松树和柏树上，则挂满了蓬松松沉甸甸的雪球儿。一阵风吹来，树枝轻轻地摇晃，美丽的银条儿和雪球儿簌簌地落下来，玉屑似的雪末儿随风飘扬，映着清晨的阳光，显出一道道五光十色的彩虹。

大街上的积雪足有一尺多深，人踩上去，脚底下发出咯吱咯吱的响声。一群群孩子在雪地里堆雪人，掷雪球儿。那欢乐的叫喊声，把树枝上的雪都震落下来了。

俗话说，"瑞雪兆丰年"。这个话有充分的科学根据，并不是一句迷信的成语。寒冬大雪，可以冻死一部分越冬的害虫；融化了的水渗进土层深处，又能供应//庄稼生长的需要。我相信这一场十分及时的大雪，一定会促进明年春季作物，尤其是小麦的丰收。有经验的老农把雪比做是"麦子的棉被"。冬天"棉被"盖得越厚，明春麦子就长得越好,所以又有这样一句谚语:"冬天麦盖三层被,来年枕着馒头睡"。

我想,这就是人们为什么把及时的大雪称为"瑞雪"的道理吧。

——节选自峻青《第一场雪》

作品6号

我常想读书人是世间幸福人,因为他除了拥有现实的世界之外,还拥有另一个更为浩瀚也更为丰富的世界。现实的世界是人人都有的,而后一个世界却为读书人所独有。由此我想,那些失去或不能阅读的人是多么的不幸,他们的丧失是不可补偿的。世间有诸多的不平等,财富的不平等,权力的不平等,而阅读能力的拥有或丧失却体现为精神的不平等。

一个人的一生,只能经历自己拥有的那一份欣悦,那一份苦难,也许再加上他亲自闻知的那一些关于自身以外的经历和经验。然而,人们通过阅读,却能进入不同时空的诸多他人的世界。这样,具有阅读能力的人,无形间获得了超越有限生命的无限可能性。阅读不仅使他多识了草木虫鱼之名,而且可以上溯远古下及未来,饱览存在的与非存在的奇风异俗。

更为重要的是,读书加惠于人们的不仅是知识的增广,而且还在于精神的感化与陶冶。人们从读书学做人,从那些往哲先贤以及当代才俊的著述中学得他们的人格。人们从《论语》中学得智慧的思考,从《史记》中学得严肃的历史精神,从《正气歌》中学得人格的刚烈,从马克思学得人世//的激情,从鲁迅学得批判精神,从托尔斯泰学得道德的执着。歌德的诗句刻写着睿智的人生,拜伦的诗句呼唤着奋斗的热情。一个读书人,一个有机会拥有超乎个人生命体验的幸运人。

——节选自谢冕《读书人是幸福人》

作品7号

一天,爸爸下班回到家已经很晚了,他很累也有点儿烦,他发现五岁的儿子靠在门旁正等着他。

"爸,我可以问您一个问题吗?"

"什么问题?""爸,您一小时可以赚多少钱?""这与你无关,你为什么问这个问题?"父亲生气地说。

"我只是想知道,请告诉我,您一小时赚多少钱?"小孩儿哀求道。"假如你一定要知道的话,我一小时赚二十美金。"

"哦,"小孩儿低下了头,接着又说,"爸,可以借我十美金吗?"父亲发怒了:"如果你只是要借钱去买毫无意义的玩具的话,给我回到你的房间睡觉去。好好想想为什么你会那么自私。我每天辛苦工作,没时间和你玩儿小孩子的游戏。"

小孩儿默默地回到自己的房间关上门。

父亲坐下来还在生气。后来，他平静下来了，心想他可能对孩子太凶了——或许孩子真的很想买什么东西，再说他平时很少要过钱。

父亲走进孩子的房间："你睡了吗？""爸，还没有，我还醒着。"孩子回答。

"我刚才可能对你太凶了，"父亲说，"我不应该发那么大的火儿——这是你要的十美金。""爸，谢谢您。"孩子高兴地从枕头下拿出一些被弄皱的钞票，慢慢地数着。

"为什么你已经有钱了还要？"父亲不解地问。

"因为原来不够，但现在凑够了。"孩子回答："爸，我现在有//二十美金了，我可以向您买一个小时的时间吗？明天请早一点儿回家——我想和您一起吃晚餐。"

——节选自唐继柳编译《二十美金的价值》

作品8号

我爱月夜，但我也爱星天。从前在家乡七八月的夜晚在庭院里纳凉的时候，我最爱看天上密密麻麻的繁星。望着星天，我就会忘记一切，仿佛回到了母亲的怀里似的。

三年前在南京我住的地方有一道后门，每晚我打开后门，便看见一个静寂的夜。下面是一片菜园，上面是星群密布的蓝天。星光在我们的肉眼里虽然微小,然而它使我们觉得光明无处不在。那时候我正在读一些天文学的书,也认得一些星星,好像它们就是我的朋友,它们常常在和我谈话一样。

如今在海上,每晚和繁星相对,我把它们认得很熟了。我躺在舱面上,仰望天空。深蓝色的天空里悬着无数半明半昧的星。船在动,星也在动,它们是这样低,真是摇摇欲坠呢!渐渐地我的眼睛模糊了,我好像看见无数萤火虫在我的周围飞舞。海上的夜是柔和的,是静寂的,是梦幻的。我望着许多认识的星,我仿佛看见它们在对我眨眼,我仿佛听见它们在小声说话。这时我忘记了一切。在星的怀抱中我微笑着,我沉睡着。我觉得自己是一个小孩子,现在睡在母亲的怀里了。

有一夜,那个在哥伦波上船的英国人指给我看天上的巨人。他用手指着://那四颗明亮的星是头,下面的几颗是身子,这几颗是手,那几颗是腿和脚,还有三颗星算是腰带。经他这一番指点,我果然看清楚了那个天上的巨人。看,那个巨人还在跑呢!

——节选自巴金《繁星》

作品9号

假日到河滩上转转,看见许多孩子在放风筝。一根根长长的引线，一头系在天上，一头系在地上，孩子同风筝都在天与地之间悠荡，连心也被悠荡得恍恍惚惚了，好像又回到了童年。

儿时的放风筝，大多是自己的长辈或家人编扎的，几根削得很薄的篾，用细纱线扎成各种鸟兽的造型，糊上雪白的纸片，再用彩笔勾勒出面孔与翅膀的图案。通常扎得最多的是"老雕""美人儿""花蝴蝶"等。

我们家前院就有位叔叔，擅扎风筝，远近闻名。他扎的风筝不只体型好看，色彩艳丽，放飞得高远，还在风筝上绷一叶用蒲苇削成的膜片，经风一吹，发出"嗡嗡"的声响，仿佛是风筝的歌唱，在蓝天下播扬，给开阔的天地增添了无尽的韵味，给驰荡的童心带来几分疯狂。

我们那条胡同的左邻右舍的孩子们放的风筝几乎都是叔叔编扎的。他的风筝不卖钱，谁上门去要，就给谁，他乐意自己贴钱买材料。

后来，这位叔叔去了海外，放风筝也渐与孩子们远离了。不过年年叔叔给家乡写信，总不忘提起儿时的放风筝。香港回归之后，他在家信中说道，他这只被故乡放飞到海外的风筝，尽管飘荡游弋，经沐风雨，可那线头儿一直在故乡和//亲人手中牵着，如今飘得太累了，也该要回归到家乡和亲人身边来了。

是的。我想,不光是叔叔,我们每个人都是风筝,在妈妈手中牵着,从小放到大,再从家乡放到祖国最需要的地方去啊!

——节选自李恒瑞《风筝畅想曲》

作品10号

爸不懂得怎样表达爱,使我们一家人融洽相处的是我妈。他只是每天上班下班,而妈则把我们做过的错事开列清单,然后由他来责骂我们。

有一次我偷了一块糖果,他要我把它送回去,告诉卖糖的说是我偷来的,说我愿意替他拆箱卸货作为赔偿。但妈妈却明白我只是个孩子。

我在运动场打秋千跌断了腿,在前往医院途中一直抱着我的,是我妈。爸把汽车停在急诊室门口,他们叫他驶开,说那空位是留给紧急车辆停放的。爸听了便叫嚷道:"你以为这是什么车?旅游车?"

在我生日会上,爸总是显得有些不大相称。他只是忙于吹气球,布置餐桌,做杂务。把插着蜡烛的蛋糕推过来让我吹的,是我妈。

我翻阅照相册时,人们总是问:"你爸爸是什么样子的?"天晓得!他老是忙着替别人拍照。妈和我笑容可掬地一起拍的照片，多得不可胜数。

我记得妈有一次叫他教我骑自行车。我叫他别放手，但他却说是应该放手的时候了。我摔倒之后，妈跑过来扶我，爸却挥手要她走开。我当时生气极了，决心要给他点儿颜色看。于是我马上爬上自行车，而且自己骑给他看。他只是微笑。

我念大学时，所有的家信都是妈写的。他//除了寄支票外，还寄过一封短柬给我，说因为我不在草坪上踢足球了，所以他的草坪长得很美。

每次我打电话回家，他似乎都想跟我说话，但结果总是说："我叫你妈来接。"

我结婚时，掉眼泪的是我妈。他只是大声擤了一下鼻子，便走出了房间。

我从小到大都听他说："你到哪里去？什么时候回家？汽车有没有汽油？不，不准去。"爸完全不知道怎样表达爱。除非……

会不会是他已经表达了，而我却未能察觉？

——节选自〔美〕艾尔玛·邦贝克《父亲的爱》

作品11号

一个大问题一直盘踞在我脑袋里：世界杯怎么会有如此巨大的吸引力？除去足球本身的魅力之外，还有什么超乎其上而更伟大的东西?

近来观看世界杯,忽然从中得到了答案:是由于一种无上崇高的精神情感——国家荣誉感!

地球上的人都会有国家的概念,但未必时时都有国家的感情。往往人到异国,思念家乡,心怀故国,这国家概念就变得有血有肉,爱国之情来得非常具体。而现代社会,科技昌达,信息快捷,事事上网,世界真是太小太小,国家的界限似乎也不那么清晰了。再说足球正在快速世界化,平日里各国球员频繁转会,往来随意,致使越来越多的国家联赛都具有国际的因素。球员们不论国籍,只效力于自己的俱乐部,他们比赛时的激情中完全没有爱国主义的因子。

然而,到了世界杯大赛,天下大变。各国球员都回国效力,穿上与光荣的国旗同样色彩的服装。在每一场比赛前,还高唱国歌以宣誓对自己祖国的挚爱与忠诚。一种血缘情感开始在全身的血管里燃烧起来,而且立刻热血沸腾。

在历史时代,国家间经常发生对抗,好男儿戎装卫国。国家的荣誉往往需要以自己的生命去//换取。但在和平时代,唯有这种国家之间大规模对抗性的大赛,才可以唤起那种遥远而神圣的情感,那就是:为祖国而战!

——节选自冯骥才《国家荣誉感》

作品 12 号

夕阳落山不久,西方的天空,还燃烧着一片橘红色的晚霞。大海,也被这霞光染成了红色,而且比天空的景色更要壮观。因为它是活动的,每当一排排波浪涌起的时候,那映照在浪峰上的霞光,又红又亮,简直就像一片片霍霍燃烧着的火焰,闪烁着,消失了。而后面的一排,又闪烁着,滚动着,涌了过来。

天空的霞光渐渐地淡下去了,深红的颜色变成了绯红,绯红又变为浅红。最后,当这一切红光都消失了的时候,那突然显得高而远了的天空,则呈现出一片肃穆的神色。最早出现的启明星,在这蓝色的天幕上闪烁起来了。它是那么大,那么亮,整个广漠的天幕上只有它在那里放射着令人注目的光辉,活像一盏悬挂在高空的明灯。

夜色加浓,苍空中的"明灯"越来越多了。而城市各处的真的灯火也次第亮了起来,尤其是围绕在海港周围山坡上的那一片灯光,从半空倒映在乌蓝的海面上,随着波浪,晃动着,闪烁着,像一串流动着的珍珠,和那一片片密布在苍穹里的星斗互相辉映,煞是好看。

在这幽美的夜色中,我踏着软绵绵的沙滩,沿着海边,慢慢地向前走去。海水轻轻地抚摸着细软的沙滩,发出温柔的//刷刷声。晚来的海风,清新而又凉爽。我的心里,有着说不出的兴奋和愉快。

夜风轻飘飘地吹拂着,空气中飘荡着一种大海和田禾相混合的香味儿,柔软的沙滩上还残留着白天太阳炙晒的余温。那些在各个工作岗位上劳动了一天的人们,三三两两地来到这软绵绵的沙滩上,他们浴着凉爽的海风,望着那缀满了星星的夜空,尽情地说笑,尽情地休憩。

——节选自峻青《海滨仲夏夜》

作品13号

生命在海洋里诞生绝不是偶然的,海洋的物理和化学性质,使它成为孕育原始生命的摇篮。

我们知道,水是生物的重要组成部分,许多动物组织的含水量在百分之八十以上,而一些海洋生物的含水量高达百分之九十五。水是新陈代谢的重要媒介,没有它,体内的一系列生理和生物化学反应就无法进行,生命也就停止。因此,在短时期内动物缺水要比缺少食物更加危险。水对今天的生命是如此重要,它对脆弱的原始生命,更是举足轻重了。生命在海洋里诞生,就不会有缺水之忧。

水是一种良好的溶剂。海洋中含有许多生命所必需的无机盐,如氯化钠、氯化钾、碳酸盐、磷酸盐,还有溶解氧,原始生命可以毫不费力地从中吸取它所需要的元素。

水具有很高的热容量,加之海洋浩大,任凭夏季烈日曝晒,冬季寒风扫荡,它的温度变化却比较小。因此,巨大的海洋就像是天然的"温箱",是孕育原始生命的温床。

阳光虽然为生命所必需,但是阳光中的紫外线却有扼杀原始生命的危险。水能有效地吸收紫外线,因而又为原始生命提供了天然的"屏障"。

这一切都是原始生命得以产生和发展的必要条件。

——节选自童裳亮《海洋与生命》

作品14号

读小学的时候,我的外祖母去世了。外祖母生前最疼爱我,我无法排除自己的忧伤,每天在学校的操场上一圈儿又一圈儿地跑着,跑得累倒在地上,扑在草坪上痛哭。

那哀痛的日子,断断续续地持续了很久,爸爸妈妈也不知道如何安慰我。他们知道与其骗我说外祖母睡着了,还不如对我说实话:外祖母永远不会回来了。

"什么是永远不会回来呢?"我问着。

"所有时间里的事物,都永远不会回来。你的昨天过去,它就永远变成昨天,你不能再回到昨天。爸爸以前也和你一样小,现在也不能回到你这么小的童年了;有一天你会长大,你会像外祖母一样老;每一天你度过了你的时间,就永远不会回来了。"爸爸说。

爸爸等于给我一个谜语,这谜语比课本上的"日历挂在墙壁,一天撕去一页,使我心里着急"和"一寸光阴一寸金,寸金难买寸光阴"还让我感到可怕;也比作文本上的"光阴似箭,日月如梭"更让我觉得有一种说不出的滋味。

时间过得那么飞快,使我的小心眼儿里不只是着急,还有悲伤。有一天我放学回家,看到太阳快落山了,就下决心说:"我要比太阳更快地回家。"我狂奔回去,站在庭院前喘气的时候,看到太阳//还露着半边脸,我高兴地跳跃起来,那一天我跑赢了太阳。以后我就时常做那样的游戏,有时和太阳赛跑,有时和西北风比快,有时一个暑假才能做完的作业,我十天就做完了;那时我三年级,常常把哥哥五年级的作业拿来做。每一次比赛胜过时间,我就快乐得不知道怎么形容。

如果将来我有什么要教给我的孩子,我会告诉他:假若你一直和时间比赛,你就可以成功!

——节选自台湾林清玄《和时间赛跑》

作品15号

三十年代初,胡适在北京大学任教授。讲课时他常常对白话文大加称赞,引起一些只喜欢文言文而不喜欢白话文的学生的不满。

一次,胡适正讲得得意的时候,一位姓魏的学生突然站了起来,生气地问:"胡先生,难道说白话文就毫无缺点吗?"胡适微笑着回答说:"没有。"那位学生更加激动了:"肯定有!白话文废话太多,打电报用字多,花钱多。"胡适的目光顿时变亮了,轻声地解释说:"不一定吧!前几天有位朋友给我打来电报,请我去政府部门工作,我决定不去,就回电拒绝了。复电是用白话写的,看来也很省字。请同学们根据我这个意思,用文言文写一个回电,看看究竟是白话文省字,还是文言文省字?"胡教授刚说完,同学们立刻认真地写了起来。

十五分钟过去,胡适让同学举手,报告用字的数目,然后挑了一份用字最少的文言电报稿,电文是这样写的:

"才疏学浅,恐难胜任,不堪从命。"白话文的意思是:学问不深,恐怕很难担任这个工作,不能服从安排。

胡适说,这份写得确实不错,仅用了十二个字。但我的白话电报却只用了五个字:

"干不了,谢谢!"

胡适又解释说:"干不了"就有才疏学浅、恐难胜任的意思;"谢谢"既//对朋友的介绍表示感谢,又有拒绝的意思。所以,废话多不多,并不看它是文言文还是白话文,只要注意选用字词,白话文是可以比文言文更省字的。

——节选自陈灼主编《实用汉语中级教程》上 中《胡适的白话电报》

作品16号

很久以前,在一个漆黑的秋天的夜晚,我泛舟在西伯利亚一条阴森森的河上。船到一个转弯处,只见前面黑魆魆的山峰下面一星火光蓦地一闪。

火光又明又亮,好像就在眼前……

"好啦,谢天谢地!"我高兴地说,"马上就到过夜的地方啦!"

船夫扭头朝身后的火光望了一眼,又不以为然地划起桨来。

"远着呢!"

我不相信他的话,因为火光冲破朦胧的夜色,明明在那儿闪烁。不过船夫是对的,事实上,火光的确还远着呢。

这些黑夜的火光的特点是:驱散黑暗,闪闪发亮,近在眼前,令人神往。乍一看,再划几下就到了……其实却还远着呢!……

我们在漆黑如墨的河上又划了很久。一个个峡谷和悬崖,迎面驶来,又向后移去,仿佛消失在茫茫的远方,而火光却依然停在前头,闪闪发亮,令人神往——依然是这么近,又依然是那么远……

现在,无论是这条被悬崖峭壁的阴影笼罩的漆黑的河流,还是那一星明亮的火光，都经常浮现在我的脑际，在这以前和在这以后，曾有许多火光，似乎近在咫尺，不止使我一人心驰神往。可是生活之河却仍然在那阴森森的两岸之间流着，而火光也依旧非常遥远。因此，必须加劲划桨……

然而，火光啊……毕竟……毕竟就//在前头！……

——节选自[俄]柯罗连科《火光》，张铁夫译

作品17号

对于一个在北平住惯的人，像我，冬天要是不刮风，便觉得是奇迹；济南的冬天是没有风声的。对于一个刚由伦敦回来的人，像我，冬天要能看得见日光，便觉得是怪事；济南的冬天是响晴的。自然，在热带的地方，日光永远是那么毒，响亮的天气，反有点儿叫人害怕。可是，在北方的冬天，而能有温晴的天气，济南真得算个宝地。

设若单单是有阳光，那也算不了出奇。请闭上眼睛想：一个老城，有山有水，全在天底下晒着阳光，暖和安适地睡着，只等春风来把它们唤醒，这是不是理想的境界？小山把济南围了个圈儿，只有北边缺着点口儿。这一圈小山在冬天特别可爱，好像是把济南放在一个小摇篮里，它们安静不动地低声地说："你们放心吧，这儿准保暖和。"真的，济南的人们在冬天是面上含笑的。他们一看那些小山，

心中便觉得有了着落,有了依靠。他们由天上看到山上,便不知不觉地想起:明天也许就是春天了吧?这样的温暖,今天夜里山草也许就绿起来了吧?就是这点儿幻想不能一时实现,他们也并不着急,因为这样慈善的冬天,干什么还希望别的呢!

最妙的是下点儿小雪呀。看吧,山上的矮松越发的青黑,树尖儿上顶//着一髻儿白花,好像日本看护妇。山尖儿全白了,给蓝天镶上一道银边。山坡上,有的地方雪厚点儿,有的地方草色还露着;这样,一道儿白,一道儿暗黄,给山们穿上一件带水纹儿的花衣;看着看着,这件花衣好像被风儿吹动,叫你希望看见一点儿更美的山的肌肤。等到快日落的时候,微黄的阳光斜射在山腰上,那点儿薄雪好像忽然害羞,微微露出点儿粉色。就是下小雪吧,济南是受不住大雪的,那些小山太秀气。

——节选自老舍《济南的冬天》

作品18号

纯朴的家乡村边有一条河,曲曲弯弯,河中架一弯石桥,弓样的小桥横跨两岸。

每天,不管是鸡鸣晓月,日丽中天,还是月华泻地,小桥都印下串串足迹,洒落串串汗珠。那是乡亲为了追求多棱的希望,兑现美好的遐想。弯弯小桥,不时荡过轻吟低唱,不时露出舒心的笑容。

因而,我稚小的心灵,曾将心声献给小桥:你是一弯银色的新月,给人间普照光辉;你是一把闪亮的镰刀,割刈着欢笑的花果;你是一根晃悠悠的扁担,挑起了彩色的明天!哦,小桥走进我的梦中。

我在飘泊他乡的岁月,心中总涌动着故乡的河水,梦中总看到弓样的小桥。当我访南疆探北国,眼帘闯进座座雄伟的长桥时,我的梦变得丰满了,增添了赤橙黄绿青蓝紫。

三十多年过去,我带着满头霜花回到故乡,第一紧要的便是去看望小桥。

啊!小桥呢?它躲起来了?河中一道长虹,浴着朝霞熠熠闪光。哦,雄浑的大桥敞开胸怀,汽车的呼啸、摩托的笛音、自行车的叮铃,合奏着进行交响乐;南来的钢筋、花布,北往的柑橙、家禽,绘出交流欢悦图……

啊!蜕变的桥,传递了家乡进步的消息,透露了家乡富裕的声音。时代的春风,美好的追求,我蓦地记起儿时唱//给小桥的歌,哦,明艳艳的太阳照耀了,芳香甜蜜的花果捧来了,五彩斑斓的岁月拉开了!

我心中涌动的河水,激荡起甜美的浪花。我仰望一碧蓝天，心底轻声呼喊：家乡的桥啊，我梦中的桥！

——节选自郑莹《家乡的桥》

作品19号

　　三百多年前，建筑设计师莱伊恩受命设计了英国温泽市政府大厅。他运用工程力学的知识，依据自己多年的实践，巧妙地设计了只用一根柱子支撑的大厅天花板。一年以后，市政府权威人士进行工程验收时，却说只用一根柱子支撑天花板太危险，要求莱伊恩再多加几根柱子。

　　莱伊恩自信只要一根坚固的柱子足以保证大厅安全，他的"固执"惹恼了市政官员，险些被送上法庭。他非常苦恼，坚持自己原先的主张吧，市政官员肯定会另找人修改设计；不坚持吧，又有悖自己为人的准则。矛盾了很长一段时间，莱伊恩终于想出了一条妙计，他在大厅里增加了四根柱子，不过这些柱子并未与天花板接触，只不过是装装样子。

　　三百多年过去了，这个秘密始终没有被人发现。直到前两年，市政府准备修缮大厅的天花板，才发现莱伊恩当年的"弄虚作假"。消息传出后，世界各国的建筑专家和游客云集，当地政府对此也不加掩饰，在新世纪到来之际，特意将大厅作为一个旅游景点对外开放，旨在引导人们崇尚和相信科学。

作为一名建筑师,莱伊恩并不是最出色的。但作为一个人,他无疑非常伟大,这种//伟大表现在他始终恪守着自己的原则,给高贵的心灵一个美丽的住所:哪怕是遭遇到最大的阻力,也要想办法抵达胜利。

——节选自游宇明《坚守你的高贵》

作品20号

自从传言有人在萨文河畔散步时无意发现了金子后,这里便常有来自四面八方的淘金者。他们都想成为富翁,于是寻遍了整个河床,还在河床上挖出很多大坑,希望借助它们找到更多的金子。的确,有一些人找到了,但另外一些人因为一无所得而只好扫兴归去。

也有不甘心落空的,便驻扎在这里,继续寻找。彼得·弗雷特就是其中一员。他在河床附近买了一块没人要的土地,一个人默默地工作。他为了找金子,已把所有的钱都押在这块土地上。他埋头苦干了几个月,直到土地全变成了坑坑洼洼,他失望了——他翻遍了整块土地,但连一丁点儿金子都没看见。

六个月后,他连买面包的钱都没有了。于是他准备离开这儿到别处去谋生。

就在他即将离去的前一个晚上,天下起了倾盆大雨,并且一下就是三天三夜。雨终于停了,彼得走出小木屋,发现眼前的土地看上去好像和以前不一样:坑坑洼洼已被大水冲刷平整,松软的土地上长出一层绿茸茸的小草。

"这里没找到金子,"彼得忽有所悟地说,"但这土地很肥沃,我可以用来种花,并且拿到镇上去卖给那些富人,他们一定会买些花装扮他们华丽的客//厅。如果真是这样的话,那么我一定会赚许多钱,有朝一日我也会成为富人……"

于是他留了下来。彼得花了不少精力培育花苗,不久田地里长满了美丽娇艳的各色鲜花。

五年以后,彼得终于实现了他的梦想——成了一个富翁。"我是唯一的一个找到真金的人!"他时常不无骄傲地告诉别人:"别人在这儿找不到金子后便远远地离开,而我的'金子'是在这块土地里,只有诚实的人用勤劳才能采集到。"

——节选自陶猛译《金子》

作品21号

我在加拿大学习期间遇到过两次募捐,那情景至今使我难以忘怀。一天,我在渥太华的街上被两个男孩子拦住去路。他们十来岁,穿得整整齐齐,每人头上戴着个做工精巧、色彩鲜艳的纸帽,上面写着"为帮助患小儿麻痹的伙伴募捐"。其中的一个,不由分说就坐在小凳上给我擦起皮鞋来,另一个则彬彬有礼地发问："小姐，您是哪国人？喜欢渥太华吗？""小姐，在你们国家有没有小孩儿患小儿麻痹？谁给他们医疗费？"一连串的问题，使我这个有生以来头一次在众目睽睽之下让别人擦鞋的异乡人，从近乎狼狈的窘态中解脱出来。我们像朋友一样聊起天儿来……

几个月之后，也是在街上。一些十字路口处或车站坐着几位老人。他们满头银发，身穿各种老式军装，上面布满了大大小小形形色色的徽章、奖章，每人手捧一大束鲜花，有水仙、石竹、玫瑰及叫不出名字的，一色雪白。匆匆过往的行人纷纷止步，把钱投进这些老人身旁的白色木箱内，然后向他们微微鞠躬，从他们手中接过一朵花。我看了一会儿，有人投一两元，有人投几百元，还有人掏出支票填好后投进木箱。那些老军人毫不注意人们捐多少钱，一直不//停地向人们低声道谢。同行的朋友告诉我，这是为纪念二次大战中参战的勇士，募捐救济残废军人和烈士遗孀，每年一次；认捐的人可谓踊跃，而且秩序井然，气氛庄严。有些地方，人们还耐心地排着队。我想，这是因为他们都知道：正是这些老人们的流血牺牲换来了包括他们信仰自由在内的许许多多。我两次把那微不足道的一点儿钱捧给他们，只想对他们说声"谢谢"。

——节选自青白《捐诚》

作品 22 号

没有一片绿叶,没有一缕炊烟,没有一粒泥土,没有一丝花香,只有水的世界,云的海洋。

一阵台风袭过,一只孤单的小鸟无家可归,落到被卷到洋里的木板上,乘流而下,姗姗而来,近了,近了!

忽然,小鸟张开翅膀,在人们头顶盘旋了几圈儿,"噗啦"一声落到了船上。许是累了?还是发现了"新大陆"?水手撵它它不走,抓它,它乖乖地落在掌心。可爱的小鸟和善良的水手结成了朋友。

瞧,它多美丽,娇巧的小嘴,啄理着绿色的羽毛,鸭子样的扁脚,呈现出春草的鹅黄。水手们把它带到舱里,给它"搭铺",让它在船上安家落户,每天,把分到的一塑料筒淡水匀给它喝,把从祖国带来的鲜美的鱼肉分给它吃,天长日久,小鸟和水手的感情日趋笃厚。清晨,当第一束阳光射进舷窗时,它便敞开美丽的歌喉,唱啊唱,嘤嘤有韵,宛如春水淙淙。人类给它以生命,它毫不悭吝地把自己的艺术青春奉献给了哺育它的人。可能都是这样?艺术家们的青春只会献给尊敬他们的人。

小鸟给远航生活蒙上了一层浪漫色调。返航时,人们爱不释手,恋恋不舍地想把它带到异乡。可小鸟憔悴了,给水不喝!喂肉,不吃!油亮的羽毛失去了光泽。是啊,我//们有自己的祖国,小鸟也有它的归宿,人和动物都是一样啊,哪儿也不如故乡好!

慈爱的水手们决定放开它,让它回到大海的摇篮去,回到蓝色的故乡去。离别前,这个大自然的朋友与水手们留影纪念。它站在许多人的头上,肩上,掌上,胳膊上,与喂养过它的人们,一起融进那蓝色的画面……

——节选自王文杰《可爱的小鸟》

作品23号

纽约的冬天常有大风雪,扑面的雪花不但令人难以睁开眼睛,甚至呼吸都会吸入冰冷的雪花。有时前一天晚上还是一片晴朗,第二天拉开窗帘,却已经积雪盈尺,连门都推不开了。

遇到这样的情况,公司、商店常会停止上班,学校也通过广播,宣布停课。但令人不解的是,惟有公立小学,仍然开放。只见黄色的校车,艰难地在路边接孩子,老师则一大早就口中喷着热气,铲去车子前后的积雪,小心翼翼地开车去学校。

据统计,十年来纽约的公立小学只因为超级暴风雪停过七次课。这是多么令人惊讶的事。犯得着在大人都无须上班的时候让孩子去学校吗?小学的老师也太倒霉了吧?

于是，每逢大雪而小学不停课时，都有家长打电话去骂。妙的是，每个打电话的人，反应全一样——先是怒气冲冲地责问，然后满口道歉，最后笑容满面地挂上电话。原因是，学校告诉家长：

在纽约有许多百万富翁，但也有不少贫困的家庭。后者白天开不起暖气，供不起午餐，孩子的营养全靠学校里免费的中饭，甚至可以多拿些回家当晚餐。学校停课一天，穷孩子就受一天冻，挨一天饿，所以老师们宁愿自己苦一点儿，也不能停课。//

或许有家长会说：何不让富裕的孩子在家里，让贫穷的孩子去学校享受暖气和营养午餐呢？

学校的答复是：我们不愿让那些穷苦的孩子感到他们是在接受救济，因为施舍的最高原则是保持受施者的尊严。

——节选自台湾刘墉《课不能停》

作品 24 号

十年，在历史上不过是一瞬间。只要稍加注意，人们就会发现：在这一瞬间里，各种事物都悄悄经历了自己的千变万化。

这次重新访日，我处处感到亲切和熟悉，也在许多方面发觉了日本的变化。就拿奈良的一个角落来说吧，我重游了为之感受很深的唐招提寺,在寺内各处匆匆走了一遍,庭院依旧,但意想不到还看到了一些新的东西。其中之一,就是近几年从中国移植来的"友谊之莲"。

在存放鉴真遗像的那个院子里,几株中国莲昂然挺立,翠绿的宽大荷叶正迎风而舞,显得十分愉快。开花的季节已过,荷花朵朵已变为莲蓬累累。莲子的颜色正在由青转紫,看来已经成熟了。

我禁不住想:"因"已转化为"果"。

中国的莲花开在日本,日本的樱花开在中国,这不是偶然。我希望这样一种盛况延续不衰。可能有人不欣赏花,但决不会有人欣赏落在自己面前的炮弹。

在这些日子里,我看到了不少多年不见的老朋友,又结识了一些新朋友。大家喜欢涉及的话题之一,就是古长安和古奈良。那还用得着问吗,朋友们缅怀过去,正是瞩望未来。瞩目于未来的人们必将获得未来。

我不例外,也希望一个美好的未来。

为//了中日人民之间的友谊,我将不浪费今后生命的每一瞬间。

——节选自严文井《莲花和樱花》

作品25号

梅雨潭闪闪的绿色招引着我们,我们开始追捉她那离合的神光了。揪着草，攀着乱石，小心探身下去，又鞠躬过了一个石穹门，便到了汪汪一碧的潭边了。

瀑布在襟袖之间，但是我的心中已没有瀑布了。我的心随潭水的绿而摇荡。那醉人的绿呀！仿佛一张极大极大的荷叶铺着，满是奇异的绿呀。我想张开两臂抱住她，但这是怎样一个妄想啊。

站在水边，望到那面，居然觉着有些远呢！这平铺着、厚积着的绿，着实可爱。她松松地皱缬着，像少妇拖着的裙幅；她滑滑的明亮着，像涂了"明油"一般，有鸡蛋清那样软，那样嫩；她又不杂些尘滓，宛然一块温润的碧玉，只清清的一色——但你却看不透她！

我曾见过北京什刹海拂地的绿杨，脱不了鹅黄的底子，似乎太淡了。我又曾见过杭州虎跑寺近旁高峻而深密的"绿壁"，丛叠着无穷的碧草与绿叶的，那又似乎太浓了。其余呢，西湖的波太明了，秦淮河的也太暗了。可爱的，我将什么来比拟你呢？我怎么比拟得出呢？大约潭是很深的，故能蕴蓄着这样奇异的绿；仿佛蔚蓝的天融了一块在里面似的，这才这般的鲜润啊。

那醉人的绿呀！我若能裁你以为带，我将赠给那轻盈的//舞女，她必能临风飘举了。我若能挹你以为眼，我将赠给那善歌的盲妹，她必明眸善睐了。我舍不得你，我怎舍得你呢？我用手拍着你，抚摩着你，如同一个十二三岁的小姑娘。我又掬你入口，便是吻着她了。我送你一个名字，我从此叫你"女儿绿"，好吗？

第二次到仙岩的时候，我不禁惊诧于梅雨潭的绿了。

——节选自朱自清《绿》

作品26号

我们家的后园有半亩空地，母亲说："让它荒着怪可惜的，你们那么爱吃花生，就开辟出来种花生吧。"我们姐弟几个都很高兴，买种，翻地，播种，浇水，没过几个月，居然收获了。

母亲说："今晚我们过一个收获节，请你们父亲也来尝尝我们的新花生，好不好？"我们都说好。母亲把花生做成了好几样食品，还吩咐就在后园的茅亭里过这个节。

晚上天色不太好，可是父亲也来了，实在很难得。

父亲说："你们爱吃花生吗？"

我们争着答应："爱！"

"谁能把花生的好处说出来？"

姐姐说："花生的味美。"

哥哥说："花生可以榨油。"

我说："花生的价钱便宜，谁都可以买来吃，都喜欢吃。这就是它的好处。"

父亲说:"花生的好处很多,有一样最可贵:它的果实埋在地里,不像桃子、石榴、苹果那样,把鲜红嫩绿的果实高高地挂在枝头上,使人一见就生爱慕之心。你们看它矮矮地长在地上,等到成熟了,也不能立刻分辨出来它有没有果实,必须挖出来才知道。"

我们都说是,母亲也点点头。

父亲接下去说:"所以你们要像花生,它虽然不好看,可是很有用,不是外表好看而没有实用的东西。"

我说:"那么,人要做有用的人,不要做只讲体面,而对别人没有好处的人了?"//

父亲说:"对。这是我对你们的希望。"

我们谈到夜深才散。花生做的食品都吃完了,父亲的话却深深地印在我的心上。

——节选自许地山《落花生》

作品27号

我打猎归来,沿着花园的林阴路走着。狗跑在我前边。

突然,狗放慢脚步,蹑足潜行,好像嗅到了前边有什么野物。

我顺着林阴路望去,看见了一只嘴边还带黄色、头上生着柔毛的小麻雀。风猛烈地吹打着林阴路上的白桦树,麻雀从巢里跌落下来，呆呆地伏在地上，孤立无援地张开两只羽毛还未丰满的小翅膀。

我的狗慢慢向它靠近。忽然，从附近一棵树上飞下一只黑胸脯的老麻雀，像一颗石子似的落到狗的跟前。老麻雀全身倒竖着羽毛，惊恐万状，发出绝望、凄惨的叫声，接着向露出牙齿、大张着的狗嘴扑去。

老麻雀是猛扑下来救护幼雀的。它用身体掩护着自己的幼儿……但它整个小小的身体因恐怖而战栗着，它小小的声音也变得粗暴嘶哑，它在牺牲自己！

在它看来，狗该是多么庞大的怪物啊！然而，它还是不能站在自己高高的、安全的树枝上……一种比它的理智更强烈的力量，使它从那儿扑下身来。

我的狗站住了，向后退了退……看来，它也感到了这种力量。

我赶紧唤住惊慌失措的狗，然后我怀着崇敬的心情，走开了。

是啊，请不要见笑。我崇敬那只小小的、英勇的鸟儿，我崇敬它那种爱的冲动和力量。

爱，我想，比//死和死的恐惧更强大。只有依靠它，依靠这种爱，生命才能维持下去，发展下去。

——节选自[俄]屠格涅夫《麻雀》，巴金译

作品 28 号

那年我六岁。离我家仅一箭之遥的小山坡旁,有一个早已被废弃的采石场,双亲从来不准我去那儿,其实那儿风景十分迷人。

一个夏季的下午,我随着一群小伙伴偷偷上那儿去了。就在我们穿越了一条孤寂的小路后,他们却把我一个人留在原地,然后奔向"更危险的地带"了。

等他们走后,我惊慌失措地发现,再也找不到要回家的那条孤寂的小道了。像只无头的苍蝇,我到处乱钻,衣裤上挂满了芒刺。太阳已经落山,而此时此刻,家里一定开始吃晚餐了,双亲正盼着我回家……想着想着,我不由得背靠着一棵树,伤心地呜呜大哭起来……

突然,不远处传来了声声柳笛。我像找到了救星,急忙循声走去。一条小道边的树桩上坐着一位吹笛人,手里还正削着什么。走近细看,他不就是被大家称为"乡巴佬儿"的卡廷吗?

"你好,小家伙儿,"卡廷说,"看天气多美,你是出来散步的吧?"

我怯生生地点点头,答道:"我要回家了。"

"请耐心等上几分钟,"卡廷说,"瞧,我正在削一支柳笛,差不多就要做好了,完工后就送给你吧!"

卡廷边削边不时把尚未成形的柳笛放在嘴里试吹一下。没过多久,一支柳笛便递到我手中。我俩在一阵阵清脆悦耳的笛音//中,踏上了归途……

当时,我心中只充满感激,而今天,当我自己也成了祖父时,却突然领悟到他用心之良苦!那天当他听到我的哭声时,便判定我一定迷了路,但他并不想在孩子面前扮演"救星"的角色,于是吹响柳笛以便让我能发现他,并跟着他走出困境!就这样,卡廷先生以乡下人的纯朴,保护了一个小男孩儿强烈的自尊。

——节选自唐若水译《迷途笛音》

作品29号

在浩瀚无垠的沙漠里,有一片美丽的绿洲,绿洲里藏着一颗闪光的珍珠。这颗珍珠就是敦煌莫高窟。它坐落在我国甘肃省敦煌市三危山和鸣沙山的怀抱中。

鸣沙山东麓是平均高度为十七米的崖壁。在一千六百多米长的崖壁上,凿有大小洞窟七百余个,形成了规模宏伟的石窟群。其中四百九十二个洞窟中,共有彩色塑像两千一百余尊,各种壁画共四万五千多平方米。莫高窟是我国古代无数艺术匠师留给人类的珍贵文化遗产。

莫高窟的彩塑,每一尊都是一件精美的艺术品。最大的有九层楼那么高,最小的还不如一个手掌大。这些彩塑个性鲜明,神态各异。有慈眉善目的菩萨,有威风凛凛的天王,还有强壮勇猛的力士……

莫高窟壁画的内容丰富多彩,有的是描绘古代劳动人民打猎、捕鱼、耕田、收割的情景,有的是描绘人们奏乐、舞蹈、演杂技的场面,还有的是描绘大自然的美丽风光。其中最引人注目的是飞天。壁画上的飞天,有的臂挎花篮,采摘鲜花;有的反弹琵琶,轻拨银弦;有的倒悬身子,自天而降;有的彩带飘拂,漫天遨游;有的舒展着双臂,翩翩起舞。看着这些精美动人的壁画,就像走进了//灿烂辉煌的艺术殿堂。

莫高窟里还有一个面积不大的洞窟——藏经洞。洞里曾藏有我国古代的各种经卷、文书、帛画、刺绣、铜像等共六万多件。由于清朝政府腐败无能,大量珍贵的文物被外国强盗掠走。仅存的部分经卷,现在陈列于北京故宫等处。

莫高窟是举世闻名的艺术宝库。这里的每一尊彩塑、每一幅壁画、每一件文物,都是中国古代人民智慧的结晶。

——节选自小学《语文》第六册中《莫高窟》

作品30号

其实你在很久以前并不喜欢牡丹,因为它总被人作为富贵膜拜。后来你目睹了一次牡丹的落花,你相信所有的人都会为之感动:一阵清风徐来,娇艳鲜嫩的盛期牡丹忽然整朵整朵地坠落,铺撒一地绚丽的花瓣。那花瓣落地时依然鲜艳夺目,如同一只奉上祭坛的大鸟脱落的羽毛,低吟着壮烈的悲歌离去。

牡丹没有花谢花败之时,要么烁于枝头,要么归于泥土,它跨越萎顿和衰老,由青春而死亡,由美丽而消遁。它虽美却不吝惜生命,即使告别也要展示给人最后一次的惊心动魄。

所以在这阴冷的四月里,奇迹不会发生。任凭游人扫兴和诅咒,牡丹依然安之若素。它不苟且、不俯就、不妥协、不媚俗,甘愿自己冷落自己。它遵循自己的花期自己的规律,它有权利为自己选择每年一度的盛大节日。它为什么不拒绝寒冷?

天南海北的看花人,依然络绎不绝地涌入洛阳城。人们不会因牡丹的拒绝而拒绝它的美。如果它再被贬谪十次,也许它就会繁衍出十个洛阳牡丹城。

于是你在无言的遗憾中感悟到,富贵与高贵只是一字之差。同人一样,花儿也是有灵性的,更有品位之高低。品位这东西为气为魂为//筋骨为神韵,只可意会。你叹服牡丹卓尔不群之姿,方知品位是多么容易被世人忽略或是漠视的美。

——节选自张抗抗《牡丹的拒绝》

作品31号

森林涵养水源,保持水土,防止水旱灾害的作用非常大。据专家测算,一片十万亩面积的森林,相当于一个两百万立方米的水库,这正如农谚所说的:"山上多栽树,等于修水库。雨多它能吞,雨少它能吐。"

说起森林的功劳,那还多得很。它除了为人类提供木材及许多种生产、生活的原料之外,在维护生态环境方面也是功劳卓著。它用另一种"能吞能吐"的特殊功能孕育了人类。因为地球在形成之初,大气中的二氧化碳含量很高,氧气很少,气温也高,生物是难以生存的。大约在四亿年之前,陆地才产生了森林。森林慢慢将大气中的二氧化碳吸收,同时吐出新鲜氧气,调节气温;这才具备了人类生存的条件,地球上才最终有了人类。

森林,是地球生态系统的主体,是大自然的总调度室,是地球的绿色之肺。森林维护地球生态环境的这种"能吞能吐"的特殊功能是其他任何物体都不能取代的。然而,由于地球上的燃烧物增多,二氧化碳的排放量急剧增加,使得地球生态环境急剧恶化,主要表现为全球气候变暖,水分蒸发加快,改变了气流的循环,使气候变化加剧,从而引发热浪、飓风、暴雨、洪涝及干旱。

为了//使地球的这个"能吞能吐"的绿色之肺恢复健壮,以改善生态环境,抑制全球变暖,减少水旱等自然灾害,我们应该大力造林、护林,使每一座荒山都绿起来。

——节选自《中考语文课外阅读试题精选》中《"能吞能吐"的森林》

作品32号

朋友即将远行。

暮春时节,又邀了几位朋友在家小聚。虽然都是极熟的朋友,却是终年难得一见,偶尔电话里相遇,也无非是几句寻常话。一锅小米稀饭,一碟大头菜,一盘自家酿制的泡菜,一只巷口买回的烤鸭,简简单单,不像请客,倒像家人团聚。其实,友情也好,爱情也好,久而久之都会转化为亲情。

说也奇怪,和新朋友会谈文学、谈哲学、谈人生道理等等,和老朋友却只话家常,柴米油盐,细细碎碎,种种琐事。很多时候,心灵的契合已经不需要太多的言语来表达。

朋友新烫了个头,不敢回家见母亲,恐怕惊骇了老人家,却欢天喜地来见我们,老朋友颇能以一种趣味性的眼光欣赏这个改变。

年少的时候,我们差不多都在为别人而活,为苦口婆心的父母活,为循循善诱的师长活,为许多观念、许多传统的约束力而活。年岁逐增,渐渐挣脱外在的限制与束缚,开始懂得为自己活,照自己的方式做一些自己喜欢的事,不在乎别人的批评意见,不在乎别人的诋毁流言,只在乎那一份随心所欲的舒坦自然。偶尔，也能够纵容自己放浪一下，并且有一种恶作剧的窃喜。

就让生命顺其自然，水到渠成吧，犹如窗前的//乌桕，自生自落之间，自有一份圆融丰满的喜悦。春雨轻轻落着，没有诗，没有酒，有的只是一份相知相属的自在自得。

夜色在笑语中渐渐沉落，朋友起身告辞，没有挽留，没有送别，甚至也没有问归期。

已经过了大喜大悲的岁月，已经过了伤感流泪的年华，知道了聚散原来是这样的自然和顺理成章，懂得这点，便懂得珍惜每一次相聚的温馨，离别便也欢喜。

——节选自台湾杏林子《朋友和其他》

作品33号

我们在田野散步：我，我的母亲，我的妻子和儿子。

母亲本不愿出来的。她老了，身体不好，走远一点儿就觉得很累。我说，正因为如此，才应该多走走。母亲信服地点点头，便去拿外套。她现在很听我的话，就像我小时候很听她的话一样。

这南方初春的田野，大块小块的新绿随意地铺着，有的浓，有的淡，树上的嫩芽也密了，田里的冬水也咕咕地起着水泡。这一切都使人想着一样东西——生命。

我和母亲走在前面,我的妻子和儿子走在后面。小家伙突然叫起来:"前面是妈妈和儿子,后面也是妈妈和儿子。"我们都笑了。

后来发生了分歧:母亲要走大路,大路平顺;我的儿子要走小路,小路有意思。不过,一切都取决于我。我的母亲老了,她早已习惯听从她强壮的儿子;我的儿子还小,他还习惯听从他高大的父亲;妻子呢,在外面,她总是听我的。一霎时我感到了责任的重大。我想找一个两全的办法,找不出;我想拆散一家人,分成两路,各得其所,终不愿意。我决定委屈儿子,因为我伴同他的时日还长。我说:"走大路。"

但是母亲摸摸孙儿的小脑瓜,变了主意:"还是走小路吧。"她的眼随小路望去:那里有金色的菜花,两行整齐的桑树,//尽头一口水波粼粼的鱼塘。"我走不过去的地方,你就背着我。"母亲对我说。

这样,我们在阳光下,向着那菜花、桑树和鱼塘走去。到了一处,我蹲下来,背起了母亲;妻子也蹲下来,背起了儿子。我和妻子都是慢慢地,稳稳地,走得很仔细,好像我背上的同她背上的加起来,就是整个世界。

——节选自莫怀戚《散步》

作品34号

地球上是否真的存在"无底洞"?按说地球是圆的,由地壳、地幔和地核三层组成，真正的"无底洞"是不应存在的，我们所看到的各种山洞、裂口、裂缝，甚至火山口也都只是地壳浅部的一种现象。然而中国一些古籍却多次提到海外有个深奥莫测的无底洞。事实上地球上确实有这样一个"无底洞"。

它位于希腊亚各斯古城的海滨。由于濒临大海，大涨潮时，汹涌的海水便会排山倒海般地涌入洞中，形成一股湍湍的急流。据测，每天流入洞内的海水量达三万多吨。奇怪的是，如此大量的海水灌入洞中，却从来没有把洞灌满。

曾有人怀疑，这个"无底洞"，会不会就像石灰岩地区的漏斗、竖井、落水洞一类的地形。然而从二十世纪三十年代以来，人们就做了多种努力企图寻找它的出口，却都是枉费心机。

为了揭开这个秘密，一九五八年美国地理学会派出一支考察队，他们把一种经久不变的带色染料溶解在海水中，观察染料是如何随着海水一起沉下去。接着又察看了附近海面以及岛上的各条河、湖，满怀希望地寻找这种带颜色的水，结果令人失望。难道是海水量太大，把有色水稀释得太淡，以致无法发现？//

至今谁也不知道为什么这里的海水会没完没了地"漏"下去，这个"无底洞"的出口又在哪里，每天大量的海水究竟都流到哪里去了？

——节选自罗伯特·罗威尔《神秘的"无底洞"》

作品35号

我在俄国见到的景物再没有比托尔斯泰墓更宏伟、更感人的。

完全按照托尔斯泰的愿望,他的坟墓成了世间最美的,给人印象最深刻的坟墓。它只是树林中的一个小小的长方形土丘,上面开满鲜花——没有十字架,没有墓碑,没有墓志铭,连托尔斯泰这个名字也没有。

这位比谁都感到受自己的声名所累的伟人,却像偶尔被发现的流浪汉,不为人知的士兵,不留名姓地被人埋葬了。谁都可以踏进他最后的安息地,围在四周稀疏的木栅栏是不关闭的——保护列夫·托尔斯泰得以安息的没有任何别的东西,惟有人们的敬意;而通常,人们却总是怀着好奇,去破坏伟人墓地的宁静。

这里,逼人的朴素禁锢住任何一种观赏的闲情,并且不容许你大声说话。风儿俯临,在这座无名者之墓的树木之间飒飒响着,和暖的阳光在坟头嬉戏;冬天,白雪温柔地覆盖这片幽暗的圭土地。无论你在夏天或冬天经过这儿,你都想象不到,这个小小的、隆起的长方体里安放着一位当代最伟大的人物。

然而,恰恰是这座不留姓名的坟墓,比所有挖空心思用大理石和奢华装饰建造的坟墓更扣人心弦。在今天这个特殊的日子里,到他的安息地来的成百上千人中间,没有一个有勇气,哪怕仅仅从这幽暗的土丘上摘下一朵花留作纪念。人们重新感到,世界上再没有比托尔斯泰最后留下的、这座纪念碑式的朴素坟墓,更打动人心的了。

——节选自[奥]茨威格《世间最美的坟墓》,张厚仁译

作品36号

我国的建筑,从古代的宫殿到近代的一般住房,绝大部分是对称的,左边怎么样,右边怎么样。苏州园林可绝不讲究对称,好像故意避免似的。东边有了一个亭子或者一道回廊,西边决不会来一个同样的亭子或者一道同样的回廊。这是为什么?我想,用图画来比方,对称的建筑是图案画,不是美术画,而园林是美术画,美术画要求自然之趣,是不讲究对称的。

苏州园林里都有假山和池沼。

假山的堆叠,可以说是一项艺术而不仅是技术。或者是重峦叠嶂,或者是几座小山配合着竹子花木,全在乎设计者和匠师们生平多阅历,胸中有丘壑,才能使游览者攀登的时候忘却苏州城市,只觉得身在山间。

至于池沼,大多引用活水。有些园林池沼宽敞,就把池沼作为全园的中心,其他景物配合着布置。水面假如成河道模样,往往安排桥梁。假如安排两座以上的桥梁,那就

一座一个样,决不雷同。

池沼或河道的边沿很少砌齐整的石岸,总是高低屈曲任其自然。还在那儿布置几块玲珑的石头,或者种些花草。这也是为了取得从各个角度看都成一幅画的效果。池沼里养着金鱼或各色鲤鱼,夏秋季节荷花或睡莲开//放,游览者看"鱼戏莲叶间",又是入画的一景。

——节选自叶圣陶《苏州园林》

作品37号

一位访美中国女作家,在纽约遇到一位卖花的老太太。老太太穿着破旧,身体虚弱,但脸上的神情却是那样祥和兴奋。女作家挑了一朵花说:"看起来,你很高兴。"老太太面带微笑地说:"是的,一切都这么美好,我为什么不高兴呢?""对烦恼,你倒真能看得开。"女作家又说了一句。没料到,老太太的回答更令女作家大吃一惊:"耶稣在星期五被钉上十字架时,是全世界最糟糕的一天,可三天后就是复活节。所以,当我遇到不幸时,就会等待三天,这样一切就恢复正常了。"

"等待三天",多么富于哲理的话语,多么乐观的生活方式。它把烦恼和痛苦抛下,全力去收获快乐。

沈从文在"文革"期间,陷入了非人的境地。可他毫不在意,他在咸宁时给他的表侄、画家黄永玉写信说:"这里的荷花真好,你若来……"身陷苦难却仍为荷花的盛开欣喜赞叹不已,这是一种趋于澄明的境界,一种旷达洒脱的胸襟,一种面临磨难坦荡从容的气度,一种对生活童子般的热爱和对美好事物无限向往的生命情感。

由此可见,影响一个人快乐的,有时并不是困境及磨难,而是一个人的心态。如果把自己浸泡在积极、乐观、向上的心态中,快乐必然会//占据你的每一天。

——节选自《态度创造快乐》

作品38号

泰山极顶看日出,历来被描绘成十分壮观的奇景。有人说:登泰山而看不到日出,就像一出大戏没有戏眼,味儿终究有点寡淡。

我去爬山那天,正赶上个难得的好天,万里长空,云彩丝儿都不见。素常烟雾腾腾的山头,显得眉目分明。同伴们都欣喜地说:"明天早晨准可以看见日出了。"我也是抱着这种想头,爬上山去。

一路从山脚往上爬,细看山景,我觉得挂在眼前的不是五岳独尊的泰山,却像一幅规模惊人的青绿山水画,从下面倒展开来。在画卷中最先露出的是山根底那座明朝建筑岱宗坊,慢慢地便现出王母池、斗母宫、经石峪。山是一层比一层深,一叠比一叠奇,层层叠叠,不知还会有多深多奇,万山丛中,时而点染着极其工细的人物。王母池旁的吕祖殿里有不少尊明塑,塑着吕洞宾等一些人,姿态神情是那样有生气,你看了,不禁会脱口赞叹说:"活啦。"

画卷继续展开,绿阴森森的柏洞露面不太久,便来到对松山。两面奇峰对峙着,满山峰都是奇形怪状的老松,年纪怕都有上千岁了,颜色竟那么浓,浓得好像要流下来似的。来到这儿,你不妨权当一次画里的写意人物,坐在路旁的对松亭里,看看山色,听听流//水和松涛。

一时间,我又觉得自己不仅是在看画卷,却又像是在零零乱乱翻着一卷历史稿本。

——节选自杨朔《泰山极顶》

作品39号

育才小学校长陶行知在校园看到学生王友用泥块砸自己班上的同学,陶行知当即喝止了他,并令他放学后到校长室去。无疑,陶行知是要好好教育这个"顽皮"的学生。那么他是如何教育的呢?

放学后,陶行知来到校长室,王友已经等在门口准备挨训了。可一见面,陶行知却掏出一块糖果送给王友,并说:"这是奖给你的,因为你按时来到这里,而我却迟到了。"王友惊疑地接过糖果。

随后，陶行知又掏出一块糖果放到他手里，说："这第二块糖果也是奖给你的，因为当我不让你再打人时，你立即就住手了，这说明你很尊重我，我应该奖你。"王友更惊疑了，他眼睛睁得大大的。

陶行知又掏出第三块糖果塞到王友手里，说："我调查过了，你用泥块砸那些男生，是因为他们不守游戏规则，欺负女生；你砸他们，说明你很正直善良，且有批评不良行为的勇气，应该奖励你啊！"王友感动极了，他流着眼泪后悔地喊道："陶……陶校长你打我两下吧！我砸的不是坏人，而是自己的同学啊……"

陶行知满意地笑了，他随即掏出第四块糖果递给王友，说："为你正确地认识错误，我再奖给你一块糖果，只可惜我只有这一块糖果了。我的糖果//没有了，我看我们的谈话也该结束了吧！"说完，就走出了校长室。

——节选自《教师博览·百期精华》中《陶行知的"四块糖果"》

作品40号

享受幸福是需要学习的，当它即将来临的时刻需要提醒。人可以自然而然地学会感官的享乐，却无法天生地掌握幸福的韵律。灵魂的快意同器官的舒适像一对孪生兄弟，时而相傍相依,时而南辕北辙。

幸福是一种心灵的震颤。它像会倾听音乐的耳朵一样,需要不断地训练。

简而言之,幸福就是没有痛苦的时刻。它出现的频率并不像我们想象的那样少。人们常常只是在幸福的金马车已经驶过去很远时,才拣起地上的金鬃毛说,原来我见过它。

人们喜爱回味幸福的标本,却忽略它披着露水散发清香的时刻。那时候我们往往步履匆匆,瞻前顾后,不知在忙着什么。

世上有预报台风的,有预报蝗灾的,有预报瘟疫的,有预报地震的。没有人预报幸福。

其实幸福和世界万物一样,有它的征兆。

幸福常常是朦胧的,很有节制地向我们喷洒甘霖。你不要总希望轰轰烈烈的幸福,它多半只是悄悄地扑面而来。你也不要企图把水龙头拧得更大,那样它会很快地流失。你需要静静地以平和之心,体验它的真谛。

幸福绝大多数是朴素的。它不会像信号弹似的,在很高的天际闪烁红色的光芒。它披着本色的外衣,亲//切温暖地包裹起我们。

幸福不喜欢喧嚣浮华,它常常在暗淡中降临。贫困中相濡以沫的一块糕饼,患难中心心相印的一个眼神,父亲一次粗糙的抚抹，女友一张温馨的字条……这都是千金难买的幸福啊。像一粒粒缀在旧绸子上的红宝石，在凄凉中愈发熠熠夺目。

——节选自毕淑敏《提醒幸福》

作品41号

在里约热内卢的一个贫民窟里，有一个男孩子，他非常喜欢足球，可是又买不起，于是就踢塑料盒，踢汽水瓶，踢从垃圾箱里拣来的椰子壳。他在胡同里踢，在能找到的任何一片空地上踢。

有一天，当他在一处干涸的水塘里猛踢一个猪膀胱时，被一位足球教练看见了。他发现这个男孩儿踢得很像是那么回事，就主动提出要送给他一个足球。小男孩儿得到足球后踢得更卖劲了。不久，他就能准确地把球踢进远处随意摆放的一个水桶里。

圣诞节到了，孩子的妈妈说："我们没有钱买圣诞礼物送给我们的恩人，就让我们为他祈祷吧。"

小男孩儿跟随妈妈祈祷完毕，向妈妈要了一把铲子便跑了出去。他来到一座别墅前的花园里，开始挖坑。

就在他快要挖好坑的时候，从别墅里走出一个人来，问小孩儿在干什么，孩子抬起满是汗珠的脸蛋儿，说："教练，圣诞节到了，我没有礼物送给您，我愿给您的圣诞树挖一个树坑。"

教练把小男孩儿从树坑里拉上来,说:"我今天得到了世界上最好的礼物。明天你就到我的训练场去吧。"

三年后,这位十七岁的男孩儿在第六届足球锦标赛上独进二十一球,为巴西第一次捧回了金杯。一个原来不//为世人所知的名字——贝利,随之传遍世界。

——节选自刘燕敏《天才的造就》

作品42号

记得我十三岁时,和母亲住在法国东南部的耐斯城。母亲没有丈夫,也没有亲戚,够清苦的,但她经常能拿出令人吃惊的东西,摆在我面前。她从来不吃肉,一再说自己是素食者。然而有一天,我发现母亲正仔细地用一小块碎面包擦那给我煎牛排用的油锅。我明白了她称自己为素食者的真正原因。

我十六岁时,母亲成了耐斯市美蒙旅馆的女经理。这时,她更忙碌了。一天,她瘫在椅子上,脸色苍白,嘴唇发灰。马上找来医生,做出诊断:她摄取了过多的胰岛素。直到这时我才知道母亲多年一直对我隐瞒的疾痛——糖尿病。

她的头歪向枕头一边,痛苦地用手抓挠胸口。床架上方,则挂着一枚我一九三二年赢得耐斯市少年乒乓球冠军的银质奖章。

啊,是对我的美好前途的憧憬支撑着她活下去,为了给她那荒唐的梦至少加一点真实的色彩,我只能继续努力,与时间竞争,直至一九三八年我被征入空军。巴黎很快失陷,我辗转调到英国皇家空军。刚到英国就接到了母亲的来信。这些信是由在瑞士的一个朋友秘密地转到伦敦,送到我手中的。

现在我要回家了,胸前佩带着醒目的绿黑两色的解放十字绶//带,上面挂着五六枚我终身难忘的勋章,肩上还佩带着军官肩章。到达旅馆时,没有一个人跟我打招呼。原来,我母亲在三年半以前就已经离开人间了。

在她死前的几天中,她写了近二百五十封信,把这些信交给她在瑞士的朋友,请这个朋友定时寄给我。就这样,在母亲死后的三年半的时间里,我一直从她身上汲取着力量和勇气——这使我能够继续战斗到胜利那一天。

——节选自[法]罗曼·加里《我的母亲独一无二》

作品43号

生活对于任何人都非易事,我们必须有坚韧不拔的精神。最要紧的,还是我们自己要有信心。我们必须相信,我们对每一件事情都具有天赋的才能,并且,无论付出任何代价,都要把这件事完成。当事情结束的时候,你要能问心无愧地说:

"我已经尽我所能了。"

有一年的春天,我因病被迫在家里休息数周。我注视着我的女儿们所养的蚕正在结茧,这使我很感兴趣。望着这些蚕执著地、勤奋地工作,我感到我和它们非常相似。像它们一样,我总是耐心地把自己的努力集中在一个目标上。我之所以如此,或许是因为有某种力量在鞭策着我——正如蚕被鞭策着去结茧一般。

近五十年来,我致力于科学研究,而研究,就是对真理的探讨。我有许多美好快乐的记忆。少女时期我在巴黎大学,孤独地过着求学的岁月;在后来献身科学的整个时期,我丈夫和我专心致志,像在梦幻中一般,坐在简陋的书房里艰辛地研究,后来我们就在那里发现了镭。

我永远追求安静的工作和简单的家庭生活。为了实现这个理想,我竭力保持宁静的环境,以免受人事的干扰和盛名的拖累。

我深信,在科学方面我们有对事业而不是//对财富的兴趣。我的惟一奢望是在一个自由国家中,以一个自由学者的身份从事研究工作。

我一直沉醉于世界的优美之中,我所热爱的科学也不断增加它崭新的远景。我认定科学本身就具有伟大的美。

——节选自[波兰]玛丽·居里《我的信念》,剑捷译

作品44号

我为什么非要教书不可?是因为我喜欢当教师的时间安排表和生活节奏。七、八、九三个月给我提供了进行回顾、研究、写作的良机,并将三者有机融合,而善于回顾、研究和总结正是优秀教师素质中不可缺少的成分。

干这行给了我多种多样的"甘泉"去品尝,找优秀的书籍去研读,到"象牙塔"和实际世界里去发现。教学工作给我提供了继续学习的时间保证,以及多种途径、机遇和挑战。

然而,我爱这一行的真正原因,是爱我的学生。学生们在我的眼前成长、变化。当教师意味着亲历"创造"过程的发生——恰似亲手赋予一团泥土以生命,没有什么比目睹它开始呼吸更激动人心的了。

权利我也有了:我有权利去启发诱导,去激发智慧的火花,去问费心思考的问题,去赞扬回答的尝试,去推荐书籍,去指点迷津。还有什么别的权利能与之相比呢?

而且,教书还给我金钱和权利之外的东西,那就是爱心。不仅有对学生的爱,对书籍的爱,对知识的爱,还有教师才能感受到的对"特别"学生的爱。这些学生,有如冥顽不灵的泥块,由于接受了老师的炽爱才勃发了生机。

所以,我爱教书,还因为,在那些勃发生机的"特//别"学生身上,我有时发现自己和他们呼吸相通,忧乐与共。

——节选自[美]彼得·基·贝得勒《我为什么当教师》

作品45号

中国西部我们通常是指黄河与秦岭相连一线以西,包括西北和西南的十二个省、市、自治区。这块广袤的土地面积为五百四十六万平方公里,占国土总面积的百分之五十七;人口二点八亿,占全国总人口的百分之二十三。

西部是华夏文明的源头。华夏祖先的脚步是顺着水边走的:长江上游出土过元谋人牙齿化石,距今约一百七十万年;黄河中游出土过蓝田人头盖骨,距今约七十万年。这两处古人类都比距今约五十万年的北京猿人资格更老。

西部地区是华夏文明的重要发源地,秦皇汉武以后,东西方文化在这里交汇融合,从而有了丝绸之路的驼铃声声,佛院深寺的暮鼓晨钟。敦煌莫高窟是世界文化史上的一个奇迹,它在继承汉晋艺术传统的基础上,形成了自己兼收并蓄的恢宏气度,展现出精美绝伦的艺术形式和博大精深的文化内涵。秦始皇兵马俑、西夏王陵、楼兰古国、布达拉宫、三星堆、大足石刻等历史文化遗产,同样为世界所瞩目,成为中华文化重要的象征。

西部地区又是少数民族及其文化的集萃地,几乎包括了我国所有的少数民族。在一些偏远的少数民族地区,仍保留//了一些久远时代的艺术品种,成为珍贵的"活化石",如纳西古乐、戏曲、剪纸、刺绣、岩画等民间艺术和宗教艺术。特色鲜明、丰富多彩,犹如一个巨大的民族民间文化艺术宝库。

我们要充分重视和利用这些得天独厚的资源优势,建立良好的民族民间文化生态环境,为西部大开发做出贡献。

——节选自《中考语文课外阅读试题精选》中《西部文化和西部开发》

作品46号

高兴,这是一种具体的被看得到摸得着的事物所唤起的情绪。它是心理的,更是生理的。它容易来也容易去,谁也不应该对它视而不见失之交臂,谁也不应该总是做那些使自己不高兴也使旁人不高兴的事。让我们说一件最容易做也最令人高兴的事吧,尊重你自己,也尊重别人,这是每一个人的权利,我还要说这是每一个人的义务。

快乐,它是一种富有概括性的生存状态、工作状态。它几乎是先验的,它来自生命本身的活力,来自宇宙、地球和人间的吸引,它是世界的丰富、绚丽、阔大、悠久的体现。快乐还是一种力量,是埋在地下的根脉。消灭一个人的快乐比挖掘掉一棵大树的根要难得多。

欢欣,这是一种青春的、诗意的情感。它来自面向着未来伸开双臂奔跑的冲力,它来自一种轻松而又神秘、朦胧而又隐秘的激动,它是激情即将到来的预兆,它又是大雨过后的比下雨还要美妙得多也久远得多的回味……

喜悦,它是一种带有形而上色彩的修养和境界。与其说它是一种情绪,不如说它是一种智慧、一种超拔、一种悲天悯人的宽容和理解,一种饱经沧桑的充实和自信,一种光明的理性,一种坚定//的成熟,一种战胜了烦恼和庸俗的清明澄澈。它是一潭清水,它是一抹朝霞,它是无边的平原,它是沉默的地平线,多一点儿、再多一点儿喜悦吧,它是翅膀,也是归巢。它是一杯美酒,也是一朵永远开不败的莲花。

——节选自王蒙《喜悦》

作品47号

在湾仔,香港最热闹的地方,有一棵榕树,它是最贵的一棵树,不光在香港,在全世界,都是最贵的。

树,活的树,又不卖,何言其贵?只因它老,它粗,是香港百年沧桑的活见证,香港人不忍看着它被砍伐,或者被移走,便跟要占用这片山坡的建筑者谈条件:可以在这儿建大楼盖商厦,但一不准砍树,二不准挪树,必须把它原地精心养起来,成为香港闹市中的一景。太古大厦的建设者最后签了合同,占用这个大山坡建豪华商厦的先决条件是同意保护这棵老树。

树长在半山坡上,计划将树下面的成千上万吨山石全部掏空取走,腾出地方来盖楼,把树架在大楼上面,仿佛它原本是长在楼顶上似的。建设者就地造了一个直径十八米、深十米的大花盆,先固定好这棵老树,再在大花盆底下盖楼。光这一项就花了两千三百八十九万港币,堪称是最昂贵的保护措施了。

太古大厦落成之后,人们可以乘滚动扶梯一次到位,来到太古大厦的顶层,出后门,那儿是一片自然景色。一棵大树出现在人们面前,树干有一米半粗,树冠直径足有二十多米,独木成林,非常壮观,形成一座以它为中心的小公园,取名叫"榕圃"。树前面//插着铜牌,说明原由。此情此景,如不看铜牌的说明,绝对想不到巨树根底下还有一座宏伟的现代大楼。

——节选自舒乙《香港:最贵的一棵树》

作品48号

我们的船渐渐地逼近榕树了:我有机会看清它的真面目:是一棵大树,有数不清的丫枝,枝上又生根,有许多根一直垂到地上,伸进泥土里。一部分树枝垂到水面,从远处看,就像一棵大树斜躺在水面上一样。

现在正是枝繁叶茂的时节。这棵榕树好像在把它的全部生命力展示给我们看。那么多的绿叶，一簇堆在另一簇的上面，不留一点儿缝隙。翠绿的颜色明亮地在我们的眼前闪耀，似乎每一片树叶上都有一个新的生命在颤动，这美丽的南国的树！

船在树下泊了片刻，岸上很湿，我们没有上去。朋友说这里是"鸟的天堂"，有许多鸟在这棵树上做窝，农民不许人去捉它们。我仿佛听见几只鸟扑翅的声音，但是等到我的眼睛注意地看那里时，我却看不见一只鸟的影子，只有无数的树根立在地上，像许多根木桩。地是湿的，大概涨潮时河水常常冲上岸去。"鸟的天堂"里没有一只鸟，我这样想道。船开了，一个朋友拨着船，缓缓地流到河中间去。

第二天，我们划着船到一个朋友的家乡去，就是那个有山有塔的地方。从学校出发，我们又经过那"鸟的天堂"。这一次是在早晨，阳光照在水面上，也照在树梢上。一切都//显得非常光明。我们的船也在树下泊了片刻。

起初四周围非常清静。后来忽然起了一声鸟叫。我们把手一拍，便看见一只大鸟飞了起来，接着又看见第二只，第三只。我们继续拍掌，很快地这个树林就变得很热闹了。到处都是鸟声，到处都是鸟影。大的，小的，花的，黑的，有的站在枝上叫，有的飞起来，在扑翅膀。

——节选自巴金《小鸟的天堂》

作品49号

有这样一个故事。

有人问:世界上什么东西的气力最大?回答纷纭得很,有的说"象",有的说"狮",有人开玩笑似的说:是"金刚",金刚有多少气力,当然大家全不知道。

结果,这一切答案完全不对,世界上气力最大的,是植物的种子。一粒种子所可以显现出来的力,简直是超越一切。

人的头盖骨,结合得非常致密与坚固,生理学家和解剖学者用尽了一切的方法,要把它完整地分出来,都没有这种力气。后来忽然有人发明了一个方法,就是把一些植物的种子放在要剖析的头盖骨里,给它以温度与湿度,使它发芽。一发芽,这些种子便以可怕的力量,将一切机械力所不能分开的骨骼,完整地分开了。植物种子的力量之大,如此如此。

这,也许特殊了一点儿,常人不容易理解。那么,你看见过笋的成长吗?你看见过被压在瓦砾和石块下面的一棵小草的生长吗?它为着向往阳光,为着达成它的生之意志,不管上面的石块如何重,石与石之间如何狭,它必定要曲曲折折地,但是顽强不屈地透到地面上来。它的根往土壤钻,它的芽往地面挺,这是一种不可抗拒的力,阻止它的石块,结果也被它掀翻,一粒种子的力量之大,//如此如此。

没有一个人将小草叫做"大力士",但是它的力量之大,的确是世界无比。这种力是一般人看不见的生命力。只要生命存在，这种力就要显现。上面的石块，丝毫不足以阻挡。因为它是一种"长期抗战"的力；有弹性，能屈能伸的力；有韧性，不达目的不止的力。

——节选自夏衍《野草》

作品50号

著名教育家班杰明曾经接到一个青年人的求救电话，并与那个向往成功、渴望指点的青年人约好了见面的时间和地点。

待那个青年如约而至时，班杰明的房门敞开着，眼前的景象却令青年人颇感意外——班杰明的房间里乱七八糟、狼藉一片。

没等青年人开口，班杰明就招呼道："你看我这房间，太不整洁了，请你在门外等候一分钟，我收拾一下，你再进来吧。"一边说着，班杰明就轻轻地关上了房门。

不到一分钟的时间，班杰明就又打开了房门，并热情地把青年人让进客厅。这时，青年人的眼前展现出另一番景象——房间内的一切已变得井然有序，而且有两杯刚刚倒好的红酒，在淡淡的香水气息里还漾着微波。

可是，没等青年人把满腹的有关人生和事业的疑难问题向班杰明讲出来,班杰明就非常客气地说道:"干杯。你可以走了。"

青年人手持酒杯一下子愣住了,既尴尬又非常遗憾地说:"可是,我……我还没向您请教呢……"

"这些……难道还不够吗?"班杰明一边微笑着,一边扫视着自己的房间,轻言细语地说,"你进来又有一分钟了。"

"一分钟……一分钟……"青年人若有所思地说,"我懂了,您让我明白了一分钟的时间可以做许//多事情,可以改变许多事情的深刻道理。"

班杰明舒心地笑了。青年人把杯里的红酒一饮而尽,向班杰明连连道谢后,开心地走了。

其实,只要把握好生命的每一分钟,也就把握了理想的人生。

——节选自纪广洋《一分钟》

作品51号

有个塌鼻子的小男孩儿,因为两岁时得过脑炎,智力受损,学习起来很吃力。打个比方,别人写作文能写二三百字,他却只能写三五行。但即便这样的作文,他同样能写得很动人。

那是一次作文课,题目是《愿望》。他极其认真地想了半天,然后极认真地写。那作文极短,只有三句话:我有两个愿望,第一个是,妈妈天天笑眯眯地看着我说:"你真聪明。"第二个是,老师天天笑眯眯地看着我说:"你一点儿也不笨。"

于是,就是这篇作文,深深地打动了他的老师,那位妈妈式的老师不仅给了他最高分,在班上带感情地朗读了这篇作文,还一笔一画地批道:你很聪明,你的作文写得非常感人,请放心,妈妈肯定会格外喜欢你的,老师肯定会格外喜欢你的,大家肯定会格外喜欢你的。

捧着作文本,他笑了,蹦蹦跳跳地回家了,像只喜鹊。但他并没有把作文本拿给妈妈看,他是在等待,等待着一个美好的时刻。

那个时刻终于到了,是妈妈的生日——一个阳光灿烂的星期天:那天,他起得特别早,把作文本装在一个亲手做的美丽的大信封里,等着妈妈醒来。妈妈刚刚睁眼醒来,他就笑眯眯地走到妈妈跟前说:"妈妈,今天是您的生日,我要//送给您一件礼物。"

果然,看着这篇作文,妈妈甜甜地涌出了两行热泪,一把搂住小男孩儿,搂得很紧很紧。

是的,智力可以受损,但爱永远不会。

——节选自张玉庭《一个美丽的故事》

作品52号

小学的时候,有一次我们去海边远足,妈妈没有做便饭,给了我十块钱买午餐。好像走了很久很久，终于到海边了，大家坐下来便吃饭，荒凉的海边没有商店，我一个人跑到防风林外面去，级任老师要大家把吃剩的饭菜分给我一点儿。有两三个男生留下一点儿给我，还有一个女生，她的米饭拌了酱油，很香。我吃完的时候，她笑眯眯地看着我，短头发，脸圆圆的。

她的名字叫翁香玉。

每天放学的时候，她走的是经过我们家的一条小路，带着一位比她小的男孩儿，可能是弟弟。小路边是一条清澈见底的小溪，两旁竹阴覆盖，我总是远远地跟在她后面，夏日的午后特别炎热，走到半路她会停下来，拿手帕在溪水里浸湿，为小男孩儿擦脸。我也在后面停下来，把肮脏的手帕弄湿了擦脸，再一路远远跟着她回家。

后来我们家搬到镇上去了，过几年我也上了中学。有一天放学回家，在火车上，看见斜对面一位短头发、圆圆脸的女孩儿，一身素净的白衣黑裙。我想她一定不认识我了。火车很快到站了，我随着人群挤向门口，她也走近了，叫我的名字。这是她第一次和我说话。

她笑眯眯的，和我一起走过月台。以后就没有再见过//她了。这篇文章收在我出版的《少年心事》这本书里。

书出版后半年，有一天我忽然收到出版社转来的一封信,信封上是陌生的字迹,但清楚地写着我的本名。

信里面说她看到了这篇文章心里非常激动,没想到在离开家乡,漂泊异地这么久之后,会看见自己仍然在一个人的记忆里,她自己也深深记得这其中的每一幕,只是没想到越过遥远的时空,竟然另一个人也深深记得。

——节选自苦伶《永远的记忆》

作品53号

在繁华的巴黎大街的路旁,站着一个衣衫褴褛、头发斑白、双目失明的老人。他不像其他乞丐那样伸手向过路行人乞讨,而是在身旁立一块木牌,上面写着:"我什么也看不见!"街上过往的行人很多,看了木牌上的字都无动于衷,有的还淡淡一笑,便姗姗而去了。

这天中午,法国著名诗人让·彼浩勒也经过这里。他看看木牌上的字,问盲老人:"老人家,今天上午有人给你钱吗?"

盲老人叹息着回答:"我,我什么也没有得到。"说着,脸上的神情非常悲伤。

让·彼浩勒听了,拿起笔悄悄地在那行字的前面添上了"春天到了,可是"几个字,就匆匆地离开了。

晚上,让·彼浩勒又经过这里,问那个盲老人下午的情况。盲老人笑着回答说:"先生,不知为什么,下午给我钱的人多极了!"让·彼浩勒听了,摸着胡子满意地笑了。

"春天到了,可是我什么也看不见!"这富有诗意的语言,产生这么大的作用,就在于它有非常浓厚的感情色彩。是的,春天是美好的,那蓝天白云,那绿树红花,那莺歌燕舞,那流水人家,怎么不叫人陶醉呢?但这良辰美景,对于一个双目失明的人来说,只是一片漆黑。当人们想到这个盲老人,一生中竟连万紫千红的春天//都不曾看到,怎能不对他产生同情之心呢?

——节选自小学《语文》第六册中《语言的魅力》

作品54号

有一次,苏东坡的朋友张鹗拿着一张宣纸来求他写一幅字,而且希望他写一点儿关于养生方面的内容。苏东坡思索了一会儿,点点头说:"我得到了一个养生长寿古方,药只有四味,今天就赠给你吧。"于是,东坡的狼毫在纸上挥洒起来,上面写着:"一日无事以当贵,二日早寝以当富,三日安步以当车,四日晚食以当肉。"

"这哪里有药?"张鹗一脸茫然地问。苏东坡笑着解释说,养生长寿的要诀,全在这四句里面。

所谓"无事以当贵",是指人不要把功名利禄、荣辱过失考虑得太多,如能在情志上潇洒大度,随遇而安,无事以求,这比富贵更能使人终其天年。

"早寝以当富",指吃好穿好、财货充足,并非就能使你长寿。对老年人来说,养成良好的起居习惯,尤其是早睡早起,比获得任何财富更加宝贵。

"安步以当车",指人不要过于讲求安逸、肢体不劳,而应多以步行来替代骑马乘车,多运动才可以强健体魄,通畅气血。

"晚食以当肉",意思是人应该用已饥方食、未饱先止代替对美味佳肴的贪吃无厌。他进一步解释,饿了以后才进食,虽然是粗茶淡饭,但其香甜可口会胜过山珍;如果饱了还要勉强吃,即使美味佳肴摆在眼前也难以//下咽。

苏东坡的四味"长寿药",实际上是强调了情志、睡眠、运动、饮食四个方面对养生长寿的重要性,这种养生观点即使在今天仍然值得借鉴。

——节选自蒲昭和《赠你四味长寿药》

作品55号

人活着,最要紧的是寻觅到那片代表着生命绿色和人类希望的丛林,然后选一高高的枝头站在那里观览人生,消化痛苦,孕育歌声,愉悦世界!

这可真是一种潇洒的人生态度,这可真是一种心境爽朗的情感风貌。

站在历史的枝头微笑,可以减免许多烦恼。在那里,你可以从众生相所包含的甜酸苦辣、百味人生中寻找你自己;你境遇中的那点儿苦痛,也许相比之下,再也难以占据一席之地;你会较容易地获得从不悦中解脱灵魂的力量,使之不致变得灰色。

人站得高些,不但能有幸早些领略到希望的曙光,还能有幸发现生命的立体的诗篇。每一个人的人生,都是这诗篇中的一个词、一个句子或者一个标点。你可能没有成为一个美丽的词,一个引人注目的句子,一个惊叹号,但你依然是这生命的立体诗篇中的一个音节、一个停顿、一个必不可少的组成部分。这足以使你放弃前嫌,萌生为人类孕育新的歌声的兴致,为世界带来更多的诗意。

最可怕的人生见解,是把多维的生存图景看成平面。因为那平面上刻下的大多是凝固了的历史——过去的遗迹;但活着的人们,活得却是充满着新生智慧的,由//不断逝去的"现在"组成的未来。人生不能像某些鱼类躺着游,人生也不能像某些兽类爬着走,而应该站着向前行,这才是人类应有的生存姿态。

——节选自[美]本杰明·拉什《站在历史的枝头微笑》

作品56号

中国的第一大岛、台湾省的主岛台湾,位于中国大陆架的东南方，地处东海和南海之间，隔着台湾海峡和大陆相望。天气晴朗的时候，站在福建沿海较高的地方，就可以隐隐约约地望见岛上的高山和云朵。

台湾岛形状狭长，从东到西，最宽处只有一百四十多公里；由南至北，最长的地方约有三百九十多公里。地形像一个纺织用的梭子。

台湾岛上的山脉纵贯南北，中间的中央山脉犹如全岛的脊梁。西部为海拔近四千米的玉山山脉，是中国东部的最高峰。全岛约有三分之一的地方是平地，其余为山地。岛内有缎带般的瀑布，蓝宝石似的湖泊，四季常青的森林和果园，自然景色十分优美。西南部的阿里山和日月潭，台北市郊的大屯山风景区，都是闻名世界的游览胜地。

台湾岛地处热带和温带之间，四面环海，雨水充足，气温受到海洋的调剂，冬暖夏凉，四季如春，这给水稻和果木生长提供了优越的条件。水稻、甘蔗、樟脑是台湾的"三宝"。岛上还盛产鲜果和鱼虾。

台湾岛还是一个闻名世界的"蝴蝶王国"。岛上的蝴蝶共有四百多个品种，其中有不少是世界稀有的珍贵品种。岛上还有不少鸟语花香的蝴//蝶谷，岛上居民利用蝴蝶制作的标本和艺术品，远销许多国家。

——节选自《中国的宝岛——台湾》

作品57号

对于中国的牛,我有着一种特别尊敬的感情。

留给我印象最深的,要算在田垄上的一次"相遇"。一群朋友郊游,我领头在狭窄的阡陌上走,怎料迎面来了几头耕牛,狭道容不下人和牛,终有一方要让路。它们还没有走近,我们已经预计斗不过畜牲,恐怕难免踩到田地泥水里,弄得鞋袜又泥又湿了。正踟蹰的时候,带头的一头牛,在离我们不远的地方停下来,抬起头看看,稍迟疑一下,就自动走下田去。一队耕牛,全跟着它离开阡陌,从我们身边经过。

我们都呆了,回过头来,看着深褐色的牛队,在路的尽头消失,忽然觉得自己受了很大的恩惠。

中国的牛,永远沉默地为人做着沉重的工作。在大地上,在晨光或烈日下,它拖着沉重的犁,低头一步又一步,拖出了身后一列又一列松土,好让人们下种。等到满地金黄或农闲时候,它可能还得担当搬运负重的工作;或终日绕着石磨,朝同一方向,走不计程的路。

在它沉默的劳动中,人便得到应得的收成。

那时候,也许,它可以松一肩重担,站在树下,吃几口嫩草,偶尔摇摇尾巴,摆摆耳朵,赶走飞附身上的苍蝇,已经算是它最闲适的生活了。

中国的牛，没有成群奔跑的习//惯，永远沉沉实实的，默默地工作，平心静气。这就是中国的牛！

——节选自小思《中国的牛》

作品58号

不管我的梦想能否成为事实，说出来总是好玩儿的：春天，我将要住在杭州。二十年前，旧历的二月初，在西湖我看见了嫩柳与菜花，碧浪与翠竹。由我看到的那点儿春光，已经可以断定，杭州的春天必定会教人整天生活在诗与图画之中。所以，春天我的家应当是在杭州。

夏天，我想青城山应当算作最理想的地方。在那里，我虽然只住过十天，可是它的幽静已拴住了我的心灵。在我所看见过的山水中，只有这里没有使我失望。到处都是绿，目之所及，那片淡而光润的绿色都在轻轻地颤动，仿佛要流入空中与心中似的。这个绿色会像音乐，涤清了心中的万虑。

秋天一定要住北平。天堂是什么样子，我不知道，但是从我的生活经验去判断，北平之秋便是天堂。论天气，不冷不热。论吃的，苹果、梨、柿子、枣儿、葡萄，每样都有若干种。论花草，菊花种类之多，花式之奇，可以甲天下。西山有红叶可见，北海可以划船——虽然荷花已残，荷叶可还有一片清香。衣食住行，在北平的秋天，是没有一项不使人满意的。

冬天，我还没有打好主意，成都或者相当得合适，虽然并不怎样和暖，可是为了水仙，素心腊梅，各色的茶花，仿佛就受一点儿寒//冷，也颇值得去了。昆明的花也多，而且天气比成都好，可是旧书铺与精美而便宜的小吃远不及成都那么多。好吧，就暂这么规定：冬天不住成都便住昆明吧。在抗战中，我没能发国难财。我想，抗战胜利以后，我必能阔起来。那时候，假若飞机减价，一二百元就能买一架的话，我就自备一架，择黄道吉日慢慢地飞行。

——节选自老舍《住的梦》

作品59号

我不由得停住了脚步。

从未见过开得这样盛的藤萝，只见一片辉煌的淡紫色，像一条瀑布，从空中垂下，不见其发端，也不见其终极，只是深深浅浅的紫，仿佛在流动，在欢笑，在不停地生长。紫色的大条幅上，泛着点点银光，就像迸溅的水花。仔细看时，才知那是每一朵紫花中的最浅淡的部分，在和阳光互相挑逗。

这里除了光彩，还有淡淡的芳香。香气似乎也是浅紫色的，梦幻一般轻轻地笼罩着我。忽然记起十多年前，家门外也曾有过一大株紫藤萝，它依傍一株枯槐爬得很高，但花朵从来都稀落，东一穗西一串伶仃地挂在树梢，好像在察颜观色,试探什么。后来索性连那稀零的花串也没有了。园中别的紫藤花架也都拆掉,改种了果树。那时的说法是,花和生活腐化有必然关系。我曾遗憾地想:这里再看不见藤萝花了。

过了这么多年,藤萝又开花了,而且开得这样盛,这样密,紫色的瀑布遮住了粗壮的盘虬卧龙般的枝干,不断地流着,流着,流向人的心底。

花和人都会遇到各种各样的不幸,但是生命的长河是无止境的。我抚摸了一下那小小的紫色的花舱,那里满装了生命的酒酿,它张满了帆,在这//闪光的花的河流上航行。它是万花中的一朵,也正是由每一个一朵,组成了万花灿烂的流动的瀑布。

在这浅紫色的光辉和浅紫色的芳香中,我不觉加快了脚步。

——节选自宗璞《紫藤萝瀑布》

作品60号

在一次名人访问中,被问及上个世纪最重要的发明是什么时,有人说是电脑,有人说是汽车,等等。但新加坡的一位知名人士却说是冷气机。他解释,如果没有冷气,热带地区如东南亚国家,就不可能有很高的生产力,就不可能达到今天的生活水准。他的回答实事求是,有理有据。

看了上述报道,我突发奇想:为什么没有记者问:"二十世纪最糟糕的发明是什么?"其实二〇〇二年十月中旬,英国的一家报纸就评出了"人类最糟糕的发明"。获此"殊荣"的,就是人们每天大量使用的塑料袋。

诞生于上个世纪三十年代的塑料袋,其家族包括用塑料制成的快餐饭盒、包装纸、餐用杯盘、饮料瓶、酸奶杯、雪糕杯等等。这些废弃物形成的垃圾,数量多、体积大、重量轻、不降解,给治理工作带来很多技术难题和社会问题。比如,散落在田间、路边及草丛中的塑料餐盒,一旦被牲畜吞食,就会危及健康甚至导致死亡。填埋废弃塑料袋、塑料餐盒的土地,不能生长庄稼和树木,造成土地板结,而焚烧处理这些塑料垃圾,则会释放出多种化学有毒气体,其中一种称为二噁英的化合物,毒性极大。

此外,在生产塑料袋、塑料餐盒的//过程中使用的氟利昂,对人体免疫系统和生态环境造成的破坏也极为严重。

——节选自林光如《最糟糕的发明》

第六章　普通话命题说话

第一节　命题说话要略

说话是普通话水平测试的第四项测试内容,在整个测试中,此项分值最高,比重最大。《普通话水平测试大纲》明确规定,测试说话的目的在于测查应试人在无文字凭借的情况下说普通话的水平,重点测查语音标准程度、词汇语法规范程度和自然流畅程度。因而,此项是应试人在日常交往中使用普通话状况最直接的反映。说话时间要求不少于3分钟,此项的成功与否直接影响应试人是否能够通过普通话水平测试。因此,应试人对该项内容应给予重视。

通过多次测试,大多数应试人觉得此项最难也最紧张,那么,究竟难在哪里?应该怎样准备?究其原因,是应试人因为没有文字依凭,方言母语的影响不易克服,加上应试时心理较为紧张,就会觉得此项内容难以把握。

一、语音标准

语音标准指应试人说话发音时声母、韵母、声调要正确;变调、轻声、儿化和"啊"的音变正确恰当;语调平稳自然,能够按照普通话口语的语调来说话,接近自然生活中的口语,不带有朗读和背诵的腔调。

命题说话时,要尽可能减少语音错误和语音缺陷。应试人在命题说话规定的3分钟时间内所出现的语音错误累计的次数是重要的扣分依据。语音缺陷也是语音标准程度评分的重要依据。语音缺陷的数量和程度直接反映应试人含有方言语音的程度,在语音错误数量相同的情况下,含有方言或方音明显都会增加扣分。《普通话水平测试评分细则》规定:没有语音错误,扣0分;错误1~2次,扣1分;错误3~4次,扣2分;错误5~7次,扣3分;错误8~10次,扣4分;错误11~15次,无明显方音,扣5~6分;错误11~15次,有明显方音,扣7~8分;错误16~30次,视方音程度扣9~11分;错误超过30次,视方音程度扣12~14分。

二、词汇语法规范

命题说话虽然预先有一定时间的准备,但是仍属于即兴说话,没有文字凭借,应试人要注意词汇、语法的规范。要使用普通话词汇、语法格式和普通话句式。如果应试人在命题说话中出现词汇、语法方面的不规范,会被酌情扣1~4分。

三、语流自然流畅

说话时应当语速适中,娓娓道来,前后连贯,完整传达语意,便于听众理解。如果应试人出现卡壳、带口头禅、语调生硬等情况,会被酌情扣2~3分。

四、说话口语化

说话本来是一种无文字底稿的即兴讲说,为了测试,许多人准备了文字材料甚至能够背诵。如果把此项变为背诵材料,则在语音中带上较浓的书面文字特色,失掉说话应有的语调、情感的起伏,出现背书腔。

命题说话要求使用灵活的口头语言。主要表现在多用常用的口语词汇,可以使话语表意清晰、便于理解。可以有目的地、适当地重复部分语句,要避免无意义的机械重复。多使用简单句和短句子,句式灵活多变,避免使用结构复杂、成分繁多的长句。

当然,口语化是相对而言的,不同的人因为语言习惯和文化程度的不同,所表现出的口语化特征不尽相同,但都应该力求使用通俗浅显、灵活流畅的口头语言。

五、围绕命题进行说话

应试人要围绕选定的话题说话,不能脱离该话题而自己找一个话题来说。话题是对说话范围的规定,并不规定说话的具体内容。这些话题内容宽泛,贴近生活,是应试人比较熟悉、感受较多、有话可说的。命题说话要求内容充实,不要求结构完整、层次清楚,也不要求非常生动、精彩。如果测试规定的时间到了而未能将话题内容完整地讲完,不会被扣分。

第二节 命题说话的话题分析

《普通话水平测试大纲》提供了以下30个话题:

1. 我的愿望(或理想)
2. 我的学习生活
3. 我尊敬的人
4. 我喜爱的动物(或植物)
5. 童年的记忆
6. 我喜爱的职业
7. 难忘的旅行
8. 我的朋友
9. 我喜爱的文学(或其他)艺术形式

10. 谈谈卫生与健康
11. 我的业余生活
12. 我喜欢的季节(或天气)
13. 学习普通话的体会
14. 谈谈服饰
15. 我的假日生活
16. 我的成长之路
17. 谈谈科技发展与社会生活
18. 我知道的风俗
19. 我和体育
20. 我的家乡(或熟悉的地方)
21. 谈谈美食
22. 我喜欢的节日
23. 我所在的集体(学校、机关、公司等)
24. 谈谈社会公德(或职业道德)
25. 谈谈个人修养
26. 我喜欢的明星(或其他知名人士)
27. 我喜爱的书刊
28. 谈谈对环境保护的认识
29. 我向往的地方
30. 购物(消费)的感受

这30个话题大体可以分作三类:

1. 叙述描写类

记人:我尊敬的人,我的朋友,我喜欢的明星(或其他知名人士)。

记事:我的愿望(或理想),我的学习生活,童年的记忆,难忘的旅行,我的业余生活,我的假日生活,我的成长之路,我和体育。

这一类应该是最容易说的题目,因为话题所涉及的范围都是应试人亲身经历的事情或感受,只要按照事情发生、发展过程和结果往下说就行了。例如:

(1) 是谁(是什么)?

(2) 为什么?

(3) 举例子。

(4) 怎么办?

这项测试要求说话时间不少于3分钟,并不是要求在3分钟时恰好把话题完完整整地结束,而是要求围绕这个话题连续不断地至少说3分钟话。所以,思路确定之后,不必考虑时间,只管往下说,到3分钟时测试员会示意你停下来。即使准备好的内容没有说完也不会影响这一项的测试成绩。

2. 介绍说明类

我喜爱的动物(或植物),我喜爱的职业,我喜爱的文学(或其他)艺术形式,我喜爱的季节(或天气),我知道的风俗,我的家乡(或熟悉的地方),我喜欢的节日,我所在的集体(学校、机关、公司等),我喜爱的书刊,我向往的地方。

这一类话题最忌讳的是只列出干巴巴的几个条目,不能展开详细的说明或介绍,最后使自己难以说满3分钟。所以在设计思路时,可以从一种事物的几个方面分别进行说明或介绍:

（1）是什么(是谁或是什么样的)?
（2）表现在哪几个方面?
（3）每个方面是怎么样的?
（4）自己的态度或打算。

3. 议论评说类

谈谈卫生与健康,学习普通话的体会,谈谈服饰,谈谈科技发展与社会生活,谈谈美食,谈谈社会公德(或职业道德),谈谈个人修养,谈谈对环境环境的认识,购物(消费)的感受。

这类话题相比前两类略有难度,它需要具有更缜密的思维和更强的概括能力。可以从以下几个方面考虑说话的顺序和内容:

（1）是什么?（提出自己的观点）
（2）为什么?（归纳出支持这个观点的几条理由）
（3）举例子。（可在每条理由之后,也可在说完理由后分别举例）
（4）怎么办?（提出实现自己观点的几条建议）

第三节　命题说话的技巧

一、应试前充分准备

如果感觉到30个话题太多,想少准备几个,那么还有一个比较简捷的方法可以试一试:有的题目内容是可以相通的,只要事先对话题的内容进行一番仔细的分析和整合,准备一个基本内容,就可以涵盖好几个题目,说话时只需说几句扣题的开场白,然后巧妙地转入准备的内容就行了。比如:

（1）我尊敬的人。
可以是我梦想成为的那个人;
可以是我童年记忆最深刻的那个人;
可以是指引我从事自己喜欢的职业的那个人;
可以是朋友;
可以是指引我喜欢文学或某种艺术形式的那个人;

可以是在我成长的每一步中起着关键作用的那个人；

可以是个人修养堪称楷模的那个人；

可以是明星或其他知名人士。

（2）我的假日生活。

假日里我在动物园见到许多我喜爱的动物；

假日里我经常出去旅行；

有假日的季节我最喜欢，因为可以出去旅行；

在假日的旅行中我了解了不少地方的风俗；

假日旅行时我来到了一个让我终生难忘地方；

我喜欢"五一""十一"和元旦长假，因为可以出去旅行。

（3）我的业余生活。

我的业余时间主要用来学习，提高自己的业务水平；

最近一段时间我的业余时间几乎全部用来练习普通话；

体育锻炼在我的业余生活中占着很大的比重；

我的业余时间主要用来钻研烹调；

我的业余时间几乎全部用于读书；

我喜欢在业余时间上街购物。

（4）谈谈对环境保护的认识

保护环境卫生和我们的健康息息相关；

保护环境也是一种社会公德。

二、读准常用字词

在测试中，一些常用的词应试时常常会读错，如因为（wèi 读成 wéi）、比较（jiào 读成 jiǎo）、尽（jǐn 读成 jìn）管、处（chǔ 读成 chù）理、地方（fang 读成 fāng）等等。这些高频词反复读错，将会导致大量失分，应试人应多加注意。

如果应试人在语音方面存在系统缺陷，如平翘舌不分、鼻边音不分、前后鼻音不分、儿化音不到位等，在准备说话内容时应该避开这些难点。比如，有的应试人平卷舌音不分，在说话中应尽量少出现卷舌音，如表达"知识"这个词，应试人可以将其换成"学问"；再如，有的应试人 n、l 不分，则尽量避免鼻音和边音，如要说"牛奶"，可以换成"豆浆"；凡此等等，不复枚举。

三、控制语速

为了顺利说满 3 分钟，减少不必要的错误，应试人还应该控制语速。语速适中，发音从容，可以提高语音的标准程度。如果语速过快，不仅会影响语音的准确程度，使错误率上升，而且会导致在规定的时间里说话的词语增加，事先准备的内容不能说满 3 分钟，同时也增加了错误的概率，直接影响得分。另外，应试人说话的语速也不能过慢，因为语速过慢会影响语句的完整,使人听起来感觉别扭,不像是日常说话了。

四、临场发挥

1. 从容自信

单向说话是一种比较宽松的语言交际方式,不要求像演讲那样思维严谨、慷慨激昂,不要求像朗诵那样声情并茂、感人肺腑,不要求像辩论那样词锋锐利、应变机敏,而是一种围绕某个话题比较自由、松散的言谈形式。因而,应试人要在心理上调整到一种轻松心态,好像面对老朋友聊天一样,从容而自信。如果做了充分准备,更应该坦然自若,娓娓道来。

考场上心情比较紧张是正常的,关键是要善于调整自己的心态。比如,上场前做几次深呼吸,自我暗示"我已经做了充分准备,没有什么可害怕的"等。说好第一句话也很重要,开好头,会给自己一种心理安慰。再者,不要总想着"时间到了没有?测试员怎么还不让停?"这类问题,要完全放开,好像要和测试员一直讲下去,这样反而能打开思路,语句源源不断。

2. 随机应变

在测试中,由于准备不充分或脱稿之后打乱了原有的语序,都可能产生偏差,这时就需要随机应变,随时调整自己原有的准备,把话完整、连贯地表达出来。说话的很多题目的内容具有共通性,在测试中,准备好的素材一时忘掉,可以相互借鉴,转换角度,拿来就可用,不能死记腹稿。如果是中间忘词,或是语速加快了等原因造成准备的内容讲完了而时间未到,更要沉着,对前边的内容进行补充或解释,甚至临时加新的内容。比如"我的拿手菜",可能你已将"菜""做"好但时间未到,就可以接下去讲:"做这道菜的关键是……"

总之,应试时不要过于紧张,一旦有小的失误要能够随机应变,避免失态,避免失分,发挥出自己最好的水平。

附录:命题说话样稿

1. 我的愿望

每个人都有自己的愿望,有些人想当科学家,有些人想做大老板,有些人想成为一名军人,而我的愿望就是长大后当一名优秀的教师。

我喜欢当教师有几个原因。首先,我觉得教师这个职业很神圣。我觉得做教师的最大价值在于把自己的知识传授给学生,用自己的人格魅力影响学生,实现自己的社会价值。其次,当教师有许多业余时间,可以做自己想做的事情。比如,每年有两个假期,寒假与暑假,每周有两天休息日,我可以利用这些时间来学习、回顾或总结。第三,我觉得教师这个职业是非常重要的。教师对整个社会发展起着非常重要的作用,因为没有教师,我们人类积累下来的灿烂文化就不能传授下去,没有教师,整个国民的素质就没有办法得到进一步的提高。教师所起的作用是其他任何职业都不可能替代的。除此之外,我还认为教师这个职业,是经常让人产生新鲜感的职业,因为他所面对的是一群群渴望知识的"小淘气",是不断在改变的"小天使"。你生活在他们中间,会感到自己永远年轻。

也许是受启蒙老师的影响,也许是受无数位老师的恩泽,在我的人生第一个十字路口面临选择时,我毫不犹豫地报考了师范,以实现我多年的梦想。我知道要当一名教师是很难的,当一名优秀的教师更是难上加难。不过,我相信凭着我的热情和努力,一定能做好这份工作。

2. 我的学习生活

谈及我的学习生活,我总感觉有太多太多的话要说。今天就来谈谈我的大学生活吧。首先,我非常庆幸自己能够来到这所美丽的大学。在这儿,有优雅的校园环境,有循循善诱的老师,还有真诚热情的同学。

我在这儿已经快三年了,在这段时间里,我的生活虽算不上轰轰烈烈,但也是丰富多彩的吧。

在大学,我们没有了老师、家长的监督,主要是靠自己主动学习。我个人比较喜欢在网络上搜集学习资源,比如说在网上看新闻或者上百度等开阔自己的视野。另外,我也经常到图书馆淘几本书回来阅读。我喜欢阅读,因为读书可以使人明智,武装我的头脑,充实我的精神世界。即使在毕业以后,我还是要尽量空出些时间来阅读,更新自己的知识库,因为只有这样才能在当今竞争激烈的社会中生存下来。

再来说说我在工作中的学习吧。大一和大二在学生会任职,由于工作的关系,会经常和各年级的同学进行交流。另外,我也组织参加过不少院校活动,在这两年多的工作学习中培养了自己的耐心和细心,同时也增强了自己的沟通交流能力和组织能力。

最后,我想说,这近三年的大学生活让我收获了很多,其中最大的收获是责任、实干和热情,我觉得它们是我将来做好每一份工作所必须具备的最基本的素质。

3. 我最尊敬的人

我最尊敬的人是我读初中时的数学老师。每当想起她,我对她的敬爱之情便油然而生。

我一进初中,遇到的第一位老师就是我的数学老师李老师,她是我们5班的班主任。她对工作非常热爱,对学生也很关心。记得有一次,她生病了,可是为了不影响我们的学习,她坚持带病上课。在课堂上,她不停地咳嗽,脸色苍白,我们都叫她停下来休息,可是她摇摇头说,不能因为自己的病情而耽误了我们学习的进度。这样的事情还有很多,她就是这样为教学事业无私奉献着。我敬佩她这样的精神,也就是在那时,我立志当一名教师,当一名像李老师这样的教师。我暗暗地下决心,默默地记住老师的话语,认真地做好每一件事。在接下来的数学教学中,她把枯燥的公理公式讲得那样有声有色,同学们个个都兴致勃勃地听着,大家积极发言和提问,整个教室学习的气氛非常活跃。在平时的日常生活中,李老师也给我们带来了无微不至的关怀,总是不忘每个星期两三次到我们的宿舍,跟我们谈心、问寒问暖。有一次,有一个同学打球伤了脚,她还亲自帮那个同学敷药和包扎。李老师就是这样无微不至地关心和爱护着我们。

现在我离开我初中的学校了,可我的内心深处总是忘不了李老师,她永远是我最尊敬的人。

4. 我喜爱的植物

我喜欢的植物有很多,像田间的油菜花,阳台上的吊兰,湖边的柳树,但要说最喜爱的植物,那要算是小草了。从小到大,学过很多关于小草精神的诗句和文章,那时感触不是很深,现在再去回味,才发现小草真得很伟大。

它看上去真的很普通,但它生命力很顽强,人们一年四季都能看到它。寒冷的冬天,别的植物都凋谢了,小草仍然能在土地上顽强地生存,黄色的一片格外突出。别看它也已经变黄了,可它没有枯萎,它是在以这种颜色保护自己。

春风吹来的时候,许多花草树木都还没开始生长,小草又早早地复苏了,把黄色变成了绿色,也挺拔了不少。光鲜亮丽的颜色一下子给春天增色不少,让看到它的人心情也开始阳光起来。

小草的要求很低,通常都随遇而安。校园里有好几段小路,是用长方形的石头间隔着铺成的,这些石头的四周用沙子、泥土填满了。可是现在去看,方石的边上全长满了小草,有些地方草长得很高,都快看不见那些石块了。小草绿绿的,整整齐齐的,把很普通的小路装扮得那样精致。

看书看得累了,走到外面看到一片绿色的草坪,眼界顿时会开阔很多,眼睛的疲劳也会慢慢消退。周末的时候,约几个朋友,坐在公园的草坪上聊聊天,吃点零食,那会是非常惬意的放松方式。

我喜欢小草带给人们的绿意与安适。

5. 童年的记忆

每当看着活泼可爱、天真无邪的小孩从我身边蹦蹦跳跳经过时,我总会想起童年往事。我的童年快乐而又幸福。那时候的我是那么贪玩、调皮,捉迷藏、过家家、上山采蘑菇、爬树掏鸟窝、下河摸鱼虾,都是我们小孩最喜欢玩的事。特别是下河摸鱼虾,是我们最拿手的本领。一有空,我们就呼朋引伴向村边的那条小河奔去。大伙跑到河边时,连小裤管也顾不上挽起来,就争先恐后地纷纷跑进河里去了。水不深,只没到膝盖,清澈见底,可以看到成群的小鱼游来游去。我们下水后,就在水里跑来跑去,"扑通扑通"的,水花乱溅。我们乐得哈哈大笑,不久,原来清澈的水就被我们搞得浑浊不清,甚至连水底的淤泥也翻上来了。这样一来,那些原本还在逍遥自在游玩的小鱼就被迫把头浮出水面呼吸。而我们呢?一看到那些小鱼就飞快地伸出小手迅速地把它们从水中捧起来,放进事先准备好的盛有水的小塑料桶里。这些可怜又可爱的鱼儿只能乖乖地在桶里游来游去了。

每次,我们都先把鱼儿搞得晕头转向,再来个浑水摸鱼,于是几乎每次都能满载而归。

那条小河,成了我记忆中童年的乐园。

回忆总是美好的。虽然属于我的童年已离我远去,但童年那段无忧无虑的时光,依旧散发着迷人的芬芳。

6. 我喜欢的职业

"导游"这个职业一直都是我向往的。当我还是个中学生,在课堂上捧读诗书时,就对其中描绘的景致向往不已:我喜欢杜甫笔下"吴楚东南坼,乾坤日夜浮"的洞庭湖,它气势恢弘、波澜壮阔;喜欢孟浩然为之倾心的"气蒸云梦泽,波撼岳阳城"的岳阳楼,它曾经几度沧桑却依然矗立;喜欢李白仰望的"飞流直下三千尺,疑是银河落九天"的庐山瀑布;喜欢苏轼赞不绝口的"水光潋滟晴方好,山色空蒙雨亦奇"的西湖美景;喜欢王维描绘的"大漠孤烟直,长河落日圆"的塞上风光;喜欢"天苍苍,野茫茫,风吹草低见牛羊"的旷野草原……这一切的一切都让我少年时期就埋下了对旅游的浓厚兴趣,我也因此立志要成为一名合格的导游,重新体验前人之路,重新体验那种澎湃与激荡,柔美与果敢,喧嚣与凄清,无奈与洒脱。

曾经多少次梦里相随看到九寨沟梦幻般的景致、海南三亚摇曳的椰林、新疆天山那高耸入云的雪峰,听到西藏布达拉宫那神圣庄严的庙宇钟声、黄河壶口的滔天巨浪、宜兴竹海那随风涌动的唰唰竹浪……期待未来可以以导游的身份把梦境变为现实,把美带给每一个游客。

长久等待,终于等到了圆梦的一天。

今年暑假,我以导游的身份开始了我的第一次社会实践——带队游览桂林。

出发前我尽自己所能准备导游词,想象着我要用最美的语言向游人介绍那奇异的景观;我尽自己所想做好带队准备,考虑了可能出现的种种意外。一踏上现实的旅途,却是不断有新的意外情况冒出来,让我应接不暇。

旅游车刚开出一半的路程,就有两位游客因小纠纷起了冲突,甚至其中的一位气急之下让司机停车要罢游。我好说歹说才让他重新登车。到了目的地,游客们又对游程安排意见不一,我跑前跑后,左右协调,才算把意见统一,带领大家开始了两天的游程。在这两天中,我这个新导游没少担惊受怕。划竹筏的时候,一位调皮的小男孩戏水时掉下了水,拉上来时浑身都湿透了;走吊桥时一个大姐尖叫连连,令人胆战心惊;车开的时间到了,游客却少了几个……

当然,导游的过程虽然很辛苦,很操心,但客人给的肯定与赞许是最珍贵的礼物。我带的那个队的游客们来自大江南北,口味也不同,为了让他们吃好,保证体力,我先调查各人的口味,再与饭店联系,调整饭菜,他们吃上可口的饭菜时都很感动。我的尽心服务感动了客人,同时客人也感动了我。

这次导游经历让我认识到,一个好导游首先要有敬业精神。成为一名合格而又优秀的导游不是胸前佩戴了一个证儿,给游客讲讲典故,举着小旗带着大家走走逛逛那么简单的事情。无论是夏日还是寒冬,无论是刮风还是下雨,都不能影响你作为导游的热情;无论是第一次讲解还是第无数次讲解,都要热忱如初;不能为了个人的私利坑蒙游客。这就是导游的职业道德。

一个好导游还要有亲和力,有良好的沟通能力。旅途当中会有很多突发的事件来考验你的应急能力,会有很多难缠的客人等着你绞尽脑汁和他沟通。在旅途中,你是领导,是管家,是随从,是朋友,是"百变超人"。

尽管做一个好导游困难不少,挑战不小,可我依然不愿放弃。因为导游这份职业可以使我成为心理学家、外交家、语言家,这些都是其他任何职业所不具备的,这是一个挑战!

7. 难忘的旅行

去年暑假,我和我们班的几个同学决定一起去北京。伴着喜悦的心情,我们于第二天中午到达了日思夜想的地方——北京。

打开车门,我深深地吸了口气,提前感受下北京的气氛:"北京,我来啦……"

走出车站,这个繁华的城市便映入了我的眼帘。"这就是北京,北京……"我心中默默地念道。

匆匆吃过饭,我们就马不停蹄地奔向第一站:天安门。庄严,肃穆,这就是它留给我的印象。站在此处,仿佛看见当年国庆大阅兵时的景象。我向着毛主席的头像敬了个礼,心想:我们现在的幸福生活来之不易啊!

长城,世界七大奇迹之一,是古代中华儿女智慧与血泪的结晶。而北京的长城,便是结晶中最出众的一段。"不到长城非好汉",毛主席也曾如此感叹过,可见长城之美、之壮观。既然来了,我们肯定是不会错过这个旷古绝今的景点的。北京的炎热挡不住我们的热情,来到八达岭长城售票处,我见到了久久向往的长城,抬头仰望,长城曲折蜿蜒,好像一条巨龙。我们边爬边留下精彩的瞬间。我们终于爬到了长城的北八楼,我骄傲地在北八楼上喊了一声:"我是好汉!"山上传来了我的回音。我眺望远方,所有事物尽揽眼底,美不胜收!我感叹:为了筑这雄伟的长城,古代劳动人民付出了多少心血和智慧啊!

接着我们参观了颐和园,中国皇家最出众的园林。置身此处,我感觉我就像个王妃,我闭上眼睛,转了个圈,我的世界仿佛就再没有了烦恼。美,美,美,真的是非常非常的美。"走啦……"朋友叫我,沉醉于美景的我才缓过神来。

带着一身的疲惫和满心的欢喜,我们踏上了归途。这次北京之游,给我留下了非常深刻的印象。

8. 我的朋友

我是个幸运儿。因为我的人缘挺好,所以我有很多朋友,但是,能够无所顾忌地谈论任何事情的朋友也只有两三个。古人说:人生有一知己,足矣!何况我还不止一个,所以,我应该很知足了。现在,我就讲讲其中的一个吧……

她叫刘艳,是我的知心好友之一。我们是小学同学,中学的时候还是同一个宿舍的。自小学开始,我们就是比较要好的朋友了。在学校的日子,我们形影不离,当然,除了体育课。因为她喜欢的是篮球,而我喜欢的却是羽毛球。很多人会觉得奇怪,因为一般情况下,朋友之间的爱好是可以传染的,一方有这个爱好,那么经过一段时间的相处之后,另一方也极有可能会染上这个爱好。但是,我和刘艳却是个例外。因为我们从未把对方拉到自己的爱好之中来。她从未邀我打过篮球,而我也从未拉她打过羽毛球,我觉得这样子很好,因为如果对方不喜欢,我们就不应该强迫她去做她不愿意做的事情。我和她无话不谈。从天上谈到地下,从古代谈到现代,从过去谈到未来,从生谈到死……总之,我们在一起,总有说不完的话。我们之间没有隐私可言。我对她讲我的一切,她也对我讲她的点滴。在对方的面前,我们都可以做一个真真正正的、原汁原味的自己。

直到现在,她在外地,我在家乡,我们也依然如此,从未改变过。我们的友情不会随着时间的推移而模糊,也不会因地域的分隔而淡忘,更不会因地位的改变而变质;恰恰相反,我们的友情只会越来越浓厚。

9. 我喜爱的文学艺术形式

我喜欢的文学艺术形式是小说。小说的内容丰富多彩,人物生动形象,故事扣人心弦。

自上学以来,我看了很多的书,有李白和杜甫的诗歌,也有朱自清等名家的散文,而我最喜欢小说。小说是一个个现实生活故事的缩影,读一部部小说就像经历一个个真实的人生。无论是中国名著还是外国名著,只要感兴趣,我都会借来看。其中有《傲慢与偏见》《茶花女》这样的外国名著,但我最喜欢的还属《西游记》《红楼梦》等中国古典小说。《西游记》汇聚了神话小说的离奇和武侠小说的精彩,塑造了个性鲜明的人物形象,唐僧的善良、孙悟空的机智、猪八戒的好色、沙僧的忠厚,给我留下了深刻的印象。唐僧师徒历经九九八十一难才取得真经,也使我懂得了人生要想达成目标、实现理想,就必须付出努力,当面对困难的时候,只有去战胜困难,永不退缩,才会取得成功。《红楼梦》则写了四大家族由盛而衰的过程中,年轻男女情感命运悲喜起浮的凄美故事。

10. 谈谈卫生与健康

卫生与健康是紧密相关的,健康在我们的生命中是最重要的。健康是每天生活愉快的必要条件,卫生是健康的保证,讲卫生是拥有健康身体的前提。人们常说病从口入,而一旦生病就必然影响人的身体健康,所以我们首先要保证进入我们口中的食物是卫生清洁的:蔬菜水果要清洗干净,餐具要做好消毒处理。如果我们忽视了生活中的一些细节,就会因不讲卫生而导致身体不适。现在多数蔬菜水果为了防止生虫而喷洒了化学药品,所以我们在食用前一定要用清水先浸泡一会儿再清洗,使用菜板时要先切蔬菜类,再切禽肉类。其次我们要保持生活环境的卫生。在家庭中,首先做好个人的卫生,养成良好的卫生习惯,做到饭前便后洗手,饭后漱口,勤洗澡,勤换衣,定期做家庭大扫除,保持房间的空气流通、清新。在整个社会环境中,要做好环境保护,讲究社会公德,不乱扔垃圾。其实保护环境卫生也是在保护着我们每个人的身体健康。

11. 我的业余生活

　　我的业余生活是充实而多姿多彩的：上网、读书、健身，健康而又充满趣味。上网是我每天必做的功课。投身网络的虚拟世界里，我仿佛又回到了过去的岁月。在那儿，我可以获得更多的新知识，结识更多的新朋友。在网络中，我不断地汲取丰富的营养，充实自己。我常去的是那些教育网站，比如人教网、教育在线等网络论坛，去学习别人的优秀文章，交流自己的心得体会。在那里，我结识了许多老师和朋友，他们给了我许多帮助。谈起读书，就惭愧了，我是静不下心来看那些大部头书籍的。我喜欢的是那些小资类的文章，文中的生活温馨、优雅而又不失风度，真让人羡慕啊。小资的生活离我并不遥远，至少我可以拥有那样的心态。选择健身，其实也是一种情调。健身的方式有很多，我喜欢游泳、打球等运动。工作之余去运动运动，出一身汗，可以让身心都得以放松。朋友们，让我们一起选择健康而有趣的业余生活，充实我们自己吧！

12. 我喜欢的季节

　　一年四季，春夏秋冬，各有所长，都有人爱。我最喜欢的季节是冬季。有人说冬天太冷，会冻伤人的心灵；有人说冬天太静，压抑人的心情；也有人说冬天太冷酷，扼制着生命的激情。那么我要说：请你用心去感受一下冬天，冬天也有情趣和意趣，并非只有无聊与冷酷。它虽然冷，却不乏热情；它虽然静，却不那么沉默；它虽然冷酷，却也少不了温馨。

　　一种事物给人的感受总是多方面的，我看到了冬天的另一面。当你看到冬季里那悄悄钻出地面的小草，看到冬季里傲然的腊梅，看到冬季里那玩雪溜冰的孩子们，你会觉得冬季给予了我们一个完全不同的世界，它是那么的和谐，那么的奇妙。它会让你脱离尘世的一切烦恼，虽然少了一份姹紫嫣红。它会让你静静地思考一些平时不愿思考的东西，虽然失去了一些灯红酒绿。它会让你去面对一些平日里不想面对的东西，虽然少了一份愉悦。当太阳在浓雾中缓缓升起，雾却变得稀薄，麦苗上的浓霜也不见了踪影，只留下一颗颗泛着光芒的水珠。你不觉得冬天很可爱吗？冬天，是那么美，那么静。它无时无刻不在用自己的生命来培养着你，滋润着你。它无时无刻不在向你倾诉着自己对生命的理解。我敢保证，只要你用心去感受，用心去倾听，你会越来越喜欢它。

13. 学习普通话的体会

　　要学好普通话，我觉得应该注意这样几个方面：第一，掌握拼音字母的发音部位和发音规则，平常多加练习，反复推敲。尤其对平舌音与翘舌音、前鼻音和后鼻音，要引起格外注意，这是我们南方人经常容易搞混的地方。第二，平常可以多收看新闻类电视节目，努力发现和纠正自己在发音上的缺陷。第三，应该养成经常翻阅字典的习惯，尤其对于自己拿不准的读音要认真对待，切勿放过。第四，应该坚持用普通话进行日常交际，在具体语言环境中培养正确的语感，提高自己的普通话水平。

　　学好普通话要下一番苦功夫，需要多听、多说。通过几个月的普通话学习，自我感觉普通话水平有所提高。虽然还有很多发音有待改进,但我会继续努力,争取说一口字正腔圆的普通话。

14. 谈谈服饰

所谓"三分长相,七分打扮",说得是很有道理的,服饰在生活中,对于人的外貌起着非常重要的作用。而现在年轻的姑娘们,对于打扮,那是流行什么穿什么,马路上一眼望过去,便知今年是流行复古的还是流行前卫的,或者今年流行绿色还是红色。显然,现代人的穿衣风格,更倾向于跟着流行走。而我个人认为,无论是衣服还是首饰,适合自己的才是最美丽的。

首先,我们得了解自己的体型、肤色、性格等综合因素,然后选择适合自己的服装样式、颜色、风格。其次,我们当然要知道在什么样的场合穿什么样的衣服。穿着得体、舒适,不仅能让别人看着赏心悦目,而且也能让自己身心愉悦。当你在家里,穿着舒服的家居服,就会觉得很放松;当你穿着合身的套装出现在谈判场合,则无疑为成功做了很好的铺垫;而当你穿着清爽舒适的球衣跑鞋出现在运动场上时,我想你已经成为跑道上一道亮丽的风景线了。当然,除了选择合适的服饰之外,我们更应该培养自己的气质,书上说"腹有诗书气自华"。我们读《诗经》,学《论语》,看各种各样的书籍,这样子,言行举止中自然而然透露出来的气质会为合适的服饰增添不少的个人魅力。

15. 我的假日生活

说到假日生活这个话题,相信我们都再熟悉不过了。因为我们每年都有很多法定的节假日。我的假日生活虽然不是很丰富多彩,但也过得挺充实的,非常有意义。

我的假日时间主要分为家务、学习和游玩这三个部分。平时有空的时候,我总会走进厨房,炒上两个好菜,或者做一些自己力所能及的家务活儿,这样既可以帮助家人,又能使自己舒展筋骨,真是一举两得。另外,学习是我假日生活中的一项不可缺少的内容,因为人只有在不断的学习中,才会不断地提高。看书、练字或者上网等,都是我在假日时间里学习的方式。我看的多为讲述人生道理、处理人际关系、卫生保健等方面的书籍,最近一段时间,我的假日生活中又多了一件事,那就是练习普通话。我每天很早地起床,去学校的湖边大声地朗读普通话范文,争取做到一字不错。经过长时间的努力,我觉得自己的进步非常大。学习之余,我还安排了游玩的时间,比如看电视、逛街、打球、探访朋友等。如果假期较长的话,我还会偶尔做一次短途旅行,看看别的地方的美丽风景和风土人情。

总之,家务、学习、游玩将永远是我的假日生活的三部曲,我的人生也正是因为有了这三部曲,才会变得如此充实而美丽。

16. 我的成长之路

每个人的成长过程中都有他们自己的故事。我的成长之路和大多数的孩子一样,是在学习中度过的。有人说,成长是痛苦的,因为它把一个人从天真无邪、无忧无虑的世界,带入了一个充满世俗、烦恼、谎言的世界。对于这种说法,我不敢苟同。其实,成长是快乐的。成长,是一个人在人生旅途中自身的演变,它使我的思想更成熟,使我遇事懂得要三思而后行,使我更明白事理,辨清是非,懂得如何在别人有困难的时候施以援手。

成长的道路上会有很多不同的朋友陪伴。从小到大,我有过很多朋友。有小时候的玩伴,我们一起捉迷藏、过家家,跳房子,他们陪我度过了我生命中最快乐、最纯真的时光。还有初中、高中的同学,我们一起讨论题目,一起面对考试的压力,一起吃饭学习,他们陪我度过了我生命中最困难却又最值得回忆的时光。现在我又拥有了许多大学的同学,除了一起学习、生活,我们还一起参加活动,组织活动,他们让我体会到团队的力量和组织的活力。当然,还有许多不同辈的朋友,他们告诉我生活中应该怎样克服困难,应该怎样为人处世,让我少走了很多弯路。就是这些朋友陪伴着我成长,让我懂得了很多人生的道理,让我体会到成长的快乐,当然成长的烦恼是免不了的。

成长的过程就像一本书,书中有泪有笑,有愁也有乐,有理想也有失意。我会更加努力走好我的成长之路。

17. 谈谈科技发展与社会生活

科技的进步给我们的生活带来了很多的变化,电脑的普及,网络的畅通,使我们的生活更加快捷,沟通更加顺畅。下面我就简单说说电脑和网络给我的生活带来的两个作用吧!

第一是对在信息搜索、开阔眼界方面的帮助。平时,遇到学习上的问题,我就上网查找答案;对于国内国外的时事新闻,我更多的时候也是通过网络来获知的。如果想学习,可以下载网上课程和电子书,非常方便,想什么时间看就什么时间看。另外,我还开通了博客、微博、微信,丰富了我的生活,扩大了我的交友圈子,也把自己在学习、生活中的心得记录下来,一方面可以提高自己的写作能力,另一方面通过分享这些感受,还可以与网络上的朋友相互交流,共同提高。

第二就是电子商务的发展改变了我们的购物习惯。很多人都会选择网上购物了,大到家电、家具、装修材料,小到日常的生活用品、食品等,种类繁多,价格便宜,物流快捷。

这些都是科技发展给我们的生活带来的改变,相信随着科技的进步,我们将迎来更丰富、更方便的生活!

18. 我知道的风俗

我知道的风俗很多,有春节、清明节、端午节、中秋节等我国传统节日的不同风俗。

先来说说春节吧。春节是所有节日中规模最大、礼仪最隆重的节日,过春节又叫"过年"。即使是千里之外的人,都会尽量在春节前赶回来跟家人团聚,过一个和和美美、团团圆圆的快乐年。过年时,小孩子就更开心了,不仅可以吃到美味的食物,穿上漂亮的衣服,而且还可以拿到压岁钱呢。有一首儿歌我至今还记得:"新年到,新年到,穿新衣,戴新帽。姑娘要花,小子要炮,噼噼啪啪真热闹。"春节前几天,家家户户都要打扫卫生,把屋里屋外打扫得干干净净,整理得整整齐齐。大年三十是最忙碌的一天,人们一大早就起来,杀鸡宰鹅包饺子，打年糕。还有呢，就是挂年画、贴春联。一个个大红"福"字，一幅幅红彤彤的春联，为节日生活增添喜气洋洋的气氛。除夕晚饭，非常丰盛，一家老小围在一起吃团圆饭，好不热闹！吃完年夜饭，一家人一起放烟火，看中央电视台的春节联欢晚会，一片欢乐祥和。

再说说清明节，这是对先人表示追忆和哀思的日子。每到清明，人们为祖先扫墓，学校就会组织学生去烈士陵园祭扫烈士墓。

端午节的由来和我国古代爱国诗人屈原有关。插艾叶、挂香囊、吃粽子是端午节的风俗。只是现在雄黄酒已经很少见了。

中秋节吃月饼、赏明月，真是一件美事。每到中秋，家人团聚，仰望一轮圆月，不禁令人想起苏东坡的名句："但愿人长久，千里共婵娟。"

19. 我和体育

说实在的，我从小就不怎么喜欢体育。上学时，我各科成绩都不错，唯独体育成绩一直在及格线上挣扎。我最不喜欢上的就是体育课，偏偏学校提出"德智体全面发展"的口号，体育不及格还不能当"三好学生"。为了提高体育成绩，我付出了很多努力。

我不胖，体质也不算弱，但不知道为什么，体育就是不能达到优秀。我最怕跳远与长跑了，仰卧起坐相对而言好些，但只是达标没问题而已。我真的是打心底里羡慕那些轻而易举在体育方面拿高分的人！我知道他们努力过，但我付出的也不比他们少，甚至比他们还多，可是成效却微乎其微！

尽管如此，体育还是给我带来了许多乐趣。初一时我被老师选上参加排球比赛，记得那次比赛我们班还赢了呢！如果不是因为怕耽误学习，就继续练下去了。后来我迷上了羽毛球，还参加了课外羽毛球兴趣小组。一番折腾下来，还算小有成就，能打两下子了，现在我已经进了校羽毛球队了。其实我深深地知道，没有一个健康的身体，什么事都做不成。所以，体育锻炼是很重要的。

这就是我和体育，苦恼并快乐着。

20. 我的家乡

我的家乡在茂名市的一个小山村里，那里没有城市的热闹，也没有城市的喧嚣与繁华，不过那里有山有水，山清水秀。那里是我最熟悉的地方，那里有着我童年美好的回忆。

记得春天的时候，小草刚钻出地面，树上的叶子也抽出来了，大地一片绿色，就像穿上了一件绿衣裳。我就与小朋友一起到田野里去捉蜻蜓、玩游戏，比如老鹰捉小鸡或是捉迷藏，又或是跳格子。到了夏天，天气热了，我就会与小朋友到水库里面游泳，那时候水库的安全系数还不是很高，几乎每年都会有事故发生，所以父母都不会让我去游泳的，被发现之后当然就是处罚或是责骂了。可是那时候自己真的很叛逆，也不知道什么是危险，被责罚之后还是照去。到了秋天，田野一片金黄，山上的野果也成熟了，我就会与自己的伙伴拿着篮子到山上去采，采回来了还要跟自己的好朋友一起分享。

我喜欢我的家乡还因为那里有朴实的村民,只要一方有难,就八方来帮助。记得有一次,我感冒了,父母又不在家,邻居知道了都过来看我,还带我去看医生,给我做了中午饭,我真的很感动。

　　家乡的变化很大。记得我小时候,家里要买什么日常生活用品,都要步行很远到镇上去买,不过现在交通方便了,经济也发达了,村里就有了好几家商店,货架上的商品琳琅满目,应有尽有。

　　家乡的经济也是芝麻开花节节高哦。一栋栋的楼房拔地而起,代替了以往的平房,墙壁五颜六色,有白色的、黄色的、粉红色的,有一层的、两层的,房顶还有太阳能热水器呢。近两年,很多人家都装上了空调、电脑。

　　我爱我的家乡,因为我爱那里的山山水水,爱那里的邻居。我衷心祝愿家乡越来越富裕。

21. 谈谈美食

　　说到美食,我最爱的就是糖醋排骨。儿时的记忆里,外婆做的糖醋排骨最好吃。每一次,我都能把那一大盘糖醋排骨吃得一块不剩,连汤汁都吃得干干净净。母亲知道了,也学着做,可无论母亲怎么努力,还是做不出外婆的糖醋排骨味来,要么太酸,要么太甜,即使酸甜适中,也没有口留余香的回味。有时在饭店里吃到糖醋排骨,虽然也很好吃,却又是另一种风味了。

　　于是,我就特别地思念外婆,特别想吃外婆做的糖醋排骨。遗憾的是我亲爱的外婆在三年前就因病去世了。

　　现在我时常能吃到母亲做的糖醋排骨,有时也能吃到小姨做的。虽然她们的水平比不上外婆,但只要有糖醋排骨,我就会觉得生活有无限的美好。

　　现如今,物质生活越来越好,食物也越来越多,但我仍然忘不了外婆的糖醋排骨。任凭岁月流逝,对于糖醋排骨,我心永恒。

22. 我喜欢的节日

　　我喜欢的节日是春节。春节是中国最富有特色的传统佳节,它标志着农历旧的一年的结束和新的一年的开始,标志着人们即将告别寒冷单调的冬季,迎来生机盎然的春天。

　　我的家乡,除夕之夜,家家户户都要张灯结彩、贴对联、包饺子,除此之外,人们还要杀鸡杀猪,用来拜神或祭祀祖先。拜神或祭祀祖先时,还喃喃祈祷,求上天保佑,说完了求保佑的话,还要放鞭炮,人们是想借鞭炮的响声来驱除妖魔鬼怪,带来福音。接下来就是准备过年的年夜饭,除夕团圆之夜是中国人难解的一个团圆情结,即使人在天涯,也要在除夕之夜赶回家吃年夜饭。吃完年夜饭后,我们一般都是围在电视机旁一边聊天儿玩耍,一边看春节联欢晚会,等待着新年钟声的敲响。

　　每当新年钟声敲响的时候,我总会闭起眼睛静静地许愿,有时也会给自己定下新年的奋斗目标。有时听到新年的钟声,我的心里会有一种遗憾的感觉,感慨时光过去得如此匆匆,而自己往年的愿望还没达成。尽管如此,经过岁月的洗礼,我已长大成熟,学会了勇敢地面对现实的一切,乐观地接受新的一年的挑战。

我喜欢过年,因为它不仅能带给我新年的快乐,还能让我不断长大,让我不断成熟。

23. 我所在的集体

我所在的班集体是一个充满活力、团结互助、温暖快乐的大家庭。

我们班同学大多数来自农村,一样的装束,一样的朴素,一样的带着乡村风俗,这使得我们在一起生活、学习相处得很融洽。同学之间没有高贵贫贱之分,有的只是平等,互助友爱。

我们的班集体是团结的,学校每学期都分年级开展体育比赛活动,有篮球赛、排球赛、足球赛、羽毛球赛等。无论是哪项比赛,只要有我们班参加的,都会看到我们班男女同学在赛场旁观看,做啦啦队,队员们出来休息,马上会有同学递上一杯矿泉水,递上擦汗的毛巾。场外同学的团结一致,鼓舞了赛场里的队员们,每次比赛,我们班的男女队总会获得奖状,男同学还多次得了篮球赛的冠军。当然,取得比赛的胜利,很大程度上取决于队员们的球技,但如果不能团结一致,赛场内的队员们彼此看不顺眼,不互相配合,胜利的结果能得到吗?所以,团结的力量是巨大的,而我们班的团结友好是取得每次胜利的一个保障。

团结、和谐、友爱的班级风气,还让每位同学的心里都感到踏实、温暖。哪位同学有自己不能解决的问题,他首先想到的是班集体,找同学们帮助共同解决。哪位同学有了困难,首先向他伸出支援之手的是我们自己班的同学。哪位同学的成绩落后了,班里的同学就组织大家帮他把学习赶上。总之,我们班是一个充满活力,团结、互爱、互助、温暖、快乐的大家庭。我爱我们班这个大集体。

24. 谈谈社会公德

在当今这个高速发展的社会中,请问没有了公德行吗?答案是肯定的:"不行。"

现如今,有不少的人把"公德"这个词忘掉了。看公园里的那个家庭,妈妈让大约5岁的宝贝儿子踩进草坪照相,这个宝贝说:"妈妈,小草也有生命的,我们不能去踩它。""没事的,"妈妈却说,"就一小会儿。"宝贝极不情愿地走了进去。然而,就在草坪的旁边,一块石头上刻着醒目的提示语:"草儿青青,脚步轻轻。"是她没看见这些提示吗?不,她只是把"公德"二字忘了。

十字路口的红灯警示下,一个大人牵着一个孩子的手过马路,孩子说:"爸爸,红灯时不能过马路,危险。"爸爸牵着孩子的手却不肯放下,边走边说:"没事的,赶时间。"于是,他们就小心翼翼地走了过去。

在我们身边,经常会看到有人随地吐痰、乱踩草坪、上公交车不给"老弱病残孕"让座、在公共场合不守秩序等现象。这都是让人鄙视的行为。

所以,从现在起,我们要遵守公德,从小事做起,从身边做起,让我们的社会变得更加和谐美好！

25. 谈谈个人修养

修养是个人魅力的基础，其他一切吸引人的长处均来源于此。古人云"修身、齐家、治国、平天下"，把"修身"列在首位，说明良好的个人修养是成就事业的前提。

但是在高度发达的现代社会里，修养不高的人、缺乏修养的行为却比比皆是。有些人乱闯红灯，有些人乱扔垃圾，甚至随地吐痰，还有些人说话时脏话连篇，不注意语言文明。

我认为一个人如果要获得别人的赞赏、别人的尊重，甚至吸引别人的注意，提高自身的修养是非常重要的。

为什么韩剧那么吸引女性甚至男性？为什么看欧美的电影会感觉那么舒服？就是因为无论什么时候，电视电影里的主角都有一种我们平时欠缺的优雅、礼貌、贵族的气质，一种我们都欣赏的唯美。

为什么有些人说话、微笑或者问候，更甚至接听电话都给人一种很舒服的感觉，而有些人却恰恰相反？这里面就有一个人的修养问题了。有时，优雅和礼貌并不完全是做给别人看的，其实从内心深处，我们每一个人都很欣赏这样的美。

俊朗的外表、姣好的面容是父母给的，但优雅礼貌的行为则是后天养成的。许多时候，后天的培养可以弥补先天的不足。假如你想更加吸引别人，就请你尝试提高自身的修养。

26. 我喜欢的明星

我最喜欢的明星是著名节目主持人杨澜，她是现代职业女性的典范，是一位敢于挑战自我的成功女强人。杨澜毕业于北京外国语大学英文系，曾担任中央电视台《正大综艺》节目的主持人，她那出色的口才和充满魅力的人格形象受到了全国观众的一致喜爱，并因此获得了中国首届主持人"金话筒奖"，她的事业就是从那时起一步一步走向成功的。我是从她后来主持的《天下女人》节目中开始认识她的。《天下女人》节目是一档专门诉说经历过坎坷曲折的成功女性的故事的节目。这个节目道出了许多女人的心声，鼓励着新时代的女性要勇敢地追求自己的事业。在去年11月奥地利举办的宋祖英维也纳音乐会上，我再一次目睹了杨澜的风采。当时她是与一名外国主持人同台主持这场音乐会的，她流利标准的英文让我惊叹不已。听说她还是一位叱咤风云的女商人。一个方方面面都如此成功出色的女强人，怎能不受人崇拜和喜爱呢？记得著名作家冰心曾说过："成功的鲜花，人们只惊美它现实的明艳，然而它当初的芽儿，却浸透了奋斗的泪泉，洒遍了牺牲的血雨。"是的，成功的鲜花固然令人羡慕，不过这成功背后所付出的一切却鲜为人知。从中我悟出了一个道理：不要只羡慕别人的成功，只要肯努力付出，成功的鲜花也一样会属于自己。

27. 我喜欢的书刊

我最喜爱的书刊是《读者》，从高中以来，几乎每期的《读者》我都有阅读。那里面的小故事都蕴含着人生哲理，让我更直接地了解生活，了解现实。

读者中曾有篇这样的文章——《大师的心态》,我至今记忆犹新。

文章讲述的是一位穷困潦倒的年轻人,他画了一幅老虎的画拿到街上卖。一位外国人看见了感觉很好,就问多少钱。"500美元。"这个年轻人从容地说。外国人觉得太贵了,就问能不能少点。年轻人说不能少,就把画给撕掉了。外国人很是吃惊地说:"如果你不能卖500美元,少卖点也可以啊!"那位年轻人却平静地说:"我要500美元,说明它值这么多钱,而你讲价,说明在你眼中它不值这么多。我要重画,直到顾客满意为止。"后来这位年轻人成了著名的雕塑大师,他叫朱开渠。

在那样穷困的时刻,他也没有降低自己追求的标准,没有让物质的诱惑干扰他的最高追求。世间的诱惑太多了,我们应该执着于自己的追求。也许正是因为我们坚持不了自己的信念,所以才会成为普普通通的人群中的一员。

《读者》里还有社会之窗、知识之窗,有睿智的人生,还有来自世界各地的优美散文、幽默小品⋯⋯每一篇都是精品。

我喜欢《读者》,这是一本充满智慧、哲理,让人如沐春风的杂志。

28. 谈谈对环境保护的认识

有一句话相信大家都知道:"保护环境,人人有责,珍爱生命,保护环境。"记得有一个广告画面是这样的:一个由于过度采伐,工业、生活污染严重而被破坏殆尽的地球,痛苦地流下了两行泪。

工业的发展给经济带来了快速的发展,给人们带来了富裕的生活。然而,任何事物总是具有双面性的。工业发展的同时也给环境带来了严重的破坏。就拿我们这里的漱江河来说吧!以前这河清澈见底,水中还有鱼虾游动,人们只要有空就会不约而同地去那消遣、娱乐,当时那里成了游玩的好地方!可今年过年回来,发现它已经不是以前那条清澈见底的漱江河了。我想应该是人们过度的砍伐,使水土流失严重,所以如今的河水发绿发臭了,河里的鱼儿失去了往日的欢乐,河畔上的花草也失去了光彩,人们也失去了一个娱乐的好场所。真希望生活在这片土地上的人们能有所警觉,也希望政府能有所重视,还它本来的面貌,也让我们生活的城市更加美丽。

还是那句话:"保护环境,人人有责,珍爱生命,保护环境。"做好宣传,让人们可以真正认识到保护环境的重要性,让所有的中国人都有强烈的环保意识,也都知道善待地球就是善待我们人类自己。

29. 我向往的地方

每个人的心目中,都有着自己所憧憬和向往的地方,那个地方也许是四季如春的昆明,也许是气候宜人的海南岛,或者是风景如画的桂林山水。在那里,可以感受大自然的丰韵,可以倾听溪流和鸟儿的歌唱。

我也向往那些如诗如画的美景,但我更向往的是那"风吹草低见牛羊"的呼伦贝尔大草原,在那晴空万里的蓝天下飘着朵朵白云,碧绿的草原一眼望去与天相接,无边无际,天空中时而掠过几只雄鹰,并发出清亮的鸣叫。骑上骏马在草原上来回奔跑,随着马儿的奔驰而使自己的心情荡漾在蓝天白云之间。赶着马群来到清澈的小河旁饮水,马儿在水中溅起朵朵水花,犹如一幅美丽的风景画。晚上躺在青青的草地上,仰望星空,星星是那么接近却又是那么遥远,就像人们的理想一样,可望而不可即。这里的夜晚,没有城市的喧嚣,也没有城市的乌烟瘴气,唯有昆虫在欢快地叫着,还有那绿油油的青草在默默地向上生长。我喜欢草原,不仅喜欢它的绿色,更喜欢它的空旷无垠。

30. 购物的感受

说到购物的感受,就我个人而言,我觉得可以分为三个阶段。第一个阶段就是去传统的实体商店购物;第二个阶段是对网上购物产生了浓厚的兴趣,并痴迷于其中;第三个阶段是发现了网上购物的弊端后又转为实体店购物或者两者结合购物。

现在我就着重说说后面两个阶段。首先是网上购物。我发现了网上购物的好处,那就是方便,而且网上的商品种类丰富,差不多你想得到的东西都可以在网上买到。

我开始尝试在网上买书、衣服、鞋子之类,发现同样的东西价格真的比在实体店便宜好多,而且你点点鼠标就可以货比三家,不必跑遍整个城市去比较。就这样,我体会到了网购的好处,买了很多东西。

慢慢地,我发现网购也有一些弊病,比如说,我买的衣服里有几件因为尺寸不合身,寄来寄去换货又觉得麻烦或者考虑到邮费等原因就搁置起来,这样积少成多,就造成了不小的浪费。于是我又怀念起以前去实体店买东西的感觉了,看到哪件喜欢的衣服就可以试穿,合不合身当场就可以发现。而且还可以亲自检查有没有质量问题,售后也有保证。碰巧有时候商场搞活动,价格也不贵。

所以现在我购物的基本情况就是:像书籍之类放心地在网上买,因为价格便宜。衣服、鞋子大部分还是会去实体店购买,有些品牌不打折的可能也会先去店里试好,再到网上找人代购,这样也可以省下一部分钱。

附录：普通话水平测试模拟训练

【模拟训练一】

1. 读单音节字词(100个音节)

舔	灵	扑	攫	冶	蝉	许	账	民	却	岛	歪	昂	优	河	滨	十	兄
麝	条	荒	此	粪	允	昧	肝	问	广	滩	唇	彩	塘	灭	邱	坪	专
请	秧	垦	字	暖	帅	俗	若	古	艘	醉	吃	碘	滑	争	契	叨	郡	腊
洒	闹	崔	趁	拿	悲	吮	儿	闭	宠	加	柔	路	馆	霜	夏	雨	婆
环	扔	法	宣	蹭	我	呆	礼	贼	爱	篇	蕊	楼	垮	绢	墙	纵	腊
后	讽	猩	帮	弥	阔	拖	窘	驳	阁

2. 读多音节词语(100个音节)

穷酸	这会儿	不如	鼓手	喧嚷	唱片儿	训话	藤子
紧凑	裙带	窘况	调门儿	拍打	秉公	虐杀	律诗
约摸	顶牛儿	辅佐	分娩	发慌	管教	赚头	屈从
铲除	牙刷	狭窄	两可	屯垦	遵照	瑞雪	一天
配色	揣测	更动	快慰	每年	求助	圣母	不再
唯恐	线装	仰仗	志向	灯花	一个	流离	历史剧
花岗岩	欢欣鼓舞

3. 朗读短文(400个音节)

作品1—5号中任选一篇(略)

4. 命题说话(任选一个，围绕话题说满3分钟)

(1) 我的愿望(或理想)

(2) 我尊敬的人

【模拟训练二】

1. 读单音节字词(100个音节)

杂	白	舌	志	给	儿	面	若	尺	筛	字	尖	澳	林	枪	脑	冰	曹
奏	青	州	复	安	努	祝	谈	孟	捐	旅	讯	鸟	军	水	欢	雄	笋
你	柔	缩	俊	堆	块	刷	酸	私	盒	寻	病	脱	辈	葱	灭	嚷	磨
烤	浊	分	团	陆	憋	钠	石	浮	女	罐	蝉	欧	纫	懂	月	祸	啪

劝 乳 腮 邹 供 嫩 墨 车 亚 节 组 穴 否 补 蛙 违 日 册
您 涩 怪 草 宽 聘 扇 很 虐 仍

2. 读多音节词语(100个音节)

美妙 把手 盆地 逆流 铁道 凝结 轮廓 小孩儿 许久
加油儿 略微 穷苦 仍然 捐献 一年 运动 不能 拉链儿
冠冕 帽子 掠夺 年级 一次 理想 祖国 掠夺 不怕
郊区 如果 宁可 处分 冠军 逮捕 勉强 创伤 答复
间谍 虽然 玻璃 墨水儿 漂亮 比拟 麻烦 森林 损失
曾经 值日 普通话 多媒体 刻舟求剑

3. 朗读短文(400个音节)

作品6—10号中任选一篇(略)

4. 命题说话(任选一个,围绕话题说满3分钟)

(1) 我喜爱的动物(或植物)

(2) 童年的记忆

【模拟训练三】

1. 读单音节字词(100个音节)

败 肥 逗 盆 迟 赵 肯 浆 碑 巨 拚 铭 翁 熨 撑 枕 贼 岭
挪 嚼 瞎 纺 梦 脆 肆 蛙 臭 边 解 掀 瓷 荫 颗 蹲 琼 捐
曲 谁 吻 涩 姚 凶 润 宣 素 秋 缩 嵌 雾 襄 剜 走 铐 驶
惹 贰 钻 紫 臀 乱 乖 划 膜 笃 矿 日 港 患 提 君 坏 穗
过 聊 跨 童 虐 屈 旅 浓 栽 略 傻 女 闸 赏 砸 蚕 喂 从
掐 勉 付 堆 暖 垫 颤 更 惩 疮

2. 读多音节词语(100个音节)

穷困 创作 请帖 规范 什么 不断 许诺 俊俏 非常 胜利
染料 肉馅儿 价值 算了 起源 纠正 葡萄 洒扫 私人 坏处
品种 片面 拐弯儿 虐待 炫耀 女儿 闻名 一片 没用 错误
阳光 否决 瓜分 阴风 体温 食堂 不敢 一天 掠取 恫吓
瑞雪 绿豆 纽扣儿 下边 滑冰 大伙儿 民航 粗暴 酱油 奢侈

3. 朗读短文(400个音节)

作品11—15号中任选一篇(略)

4. 命题说话(任选一个,围绕话题说满3分钟)

(1) 童年的记忆

(2) 我喜爱的职业

(3) 难忘的旅行

【模拟训练四】

1. 读单音节字词(100个音节)

白	飞	逗	盆	迟	赵	肯	浆	碑	巨	拚	铭	翁	熨	撑	枕	贼	岭

嚼 夏 纺 梦 脆 肆 蛙 臭 边 解 掀 瓷 荫 颗 蹲 琼 捐 锐
谁 吻 涩 姚 凶 润 宣 素 秋 缩 嵌 雾 项 剜 走 铐 驶 而
上 钻 紫 臀 乱 乖 划 膜 笃 矿 日 港 患 堤 君 坏 穗 喷
聊 跨 童 虐 屈 旅 浓 裁 略 傻 女 闸 赏 砸 蚕 喂 从 根
勉 付 堆 暖 蛰 颤 更 憋 疮 蓝

2. 读多音节词语(100个音节)

快乐 丢人 小瓮儿 含量 村庄 开花 灯泡儿 红娘
特色 荒谬 而且 定额 观赏 部分 侵略 捐税
收缩 鬼脸 趋势 拐弯儿 内容 若干 爆发 原材料
创办 抓紧 盛怒 运用 美景 面子 压迫 必需品
佛学 一直 启程 棒槌 山峰 罪孽 刺激 无穷
打听 通讯 木偶 昆虫 天下 做活儿 跨度 就算
构造

3. 朗读短文(400个音节)

作品16—20号中任选一篇(略)

4. 命题说话(任选一个,围绕话题说满3分钟)

(1) 我的朋友
(2) 我喜爱的文学(或其他)艺术形式
(3) 谈谈卫生与健康

【模拟训练五】

1. 读单音节字词(100个音节)

感 拍 亚 舟 纲 帘 宁 拽 慌 泉 洒 开 揉 昂 别 件 迎 揣心
农 群 吓 债 产 檬 跌 宾 铺 锐 综 迅 扯 柴 删 风 夜 鼻
属 最 从 源 舍 赔 嫩 坑 条 饮 塑 断 女 窘 恶 费 狠 贸
脚 亮 跨 暖 绿 琼 池 给 要 坏 怎 象 画 窜 虐 凶 师
方 底 牛 顿 博 洋 掠 思 烤 浪 普 仍 艇 六 某 托 润 匡
俩 捐 您 餐 恳 通 肿 疼 普 仍 缺

2. 读多音节词语(100个音节)

迥然 不去 可观 旅伴 谱写 女婿 老头儿 高原 摘要
男人 迷信 摧残 不清 马路 一年 贴切 否则 衬衫
能够 飞翔 吹牛 调查 仇恨 刚才 软件 怀念 军队
英明 主编 差点儿 朋友 卡车 亲爱 爽快 一面 粗粮

| 狂妄 | 东风 | 角色 | 揣测 | 刷子 | 聊天儿 | 篮球 | 寒冷 | 航空 |
| 下来 | 没事儿 | 增值税 | 亚健康 | 知识 | | | | |

3. 朗读短文(400个音节)

作品21—25号中任选一篇(略)

4. 命题说话(任选一个,围绕话题说满3分钟)

(1) 我的业余生活

(2) 我喜欢的季节(或天气)

(3) 学习普通话的体会

【模拟训练六】

1. 读单音节字词(100个音节)

诈	惹	而	紫	迟	碑	折	冒	否	南	粉	档	耕	起	俩	丢	表	变
瞥	拼	酿	平	扑	挎	播	阔	乖	退	断	抢	光	弄	翁	举	略	泉
均	穷	扎	涩	司	使	筛	废	找	偶	山	恨	扛	仍	习	加	灭	跳
牛	甜	民	亮	鸣	促	抓	佛	若	甩	绘	卵	纯	矿	红	岸	决	癣
熏	雄	损	采	赠	忍	盅	簪	疫	截	邀	雁	荫	仰	顶	蒜	村	壮
荣	御	远	躯	恩	擦	袄	庸	怿	学								

2. 读多音节词语(100个音节)

君子	一百	渲染	雪耻	取景	疟疾	远房	穷困	律诗
窘迫	不断	统称	碎步儿	专门	贺词	斧头	滑冰	遭受
幻想	流水	别扭	一块	林业	快乐	瓜分	口语	品种
一会儿	夏天	抹杀	创作	高大	而已	干活儿	改变	恰好
烹饪	挑战	蜜蜂	存款	内容	不妨	外地	损伤	漂亮
差点儿	门口儿	超声波	圣诞节	潜移默化				

3. 朗读短文(400个音节)

作品26—30号中任选一篇(略)

4. 命题说话(任选一个,围绕话题说满3分钟)

(1) 谈谈服饰

(2) 我的假日生活

【模拟训练七】

1. 读单音节字词(100个音节)

攥	壤	仍	猜	墨	趴	恩	柱	掠	悬	窘	喜	谕	宰	凝	嫩	日	槲
洽	沁	妆	攥	萤	刁	侯	捐	缀	拔	溃	藤	署	驳	闰	凝	跤	膜
蹭	犁	宅	翁	涩	篓	惨	岭	吾	揩	皱	伏	扰	魂	纵	厢	偶	寡
您	棍	桑	溺	傻	貂	略	唬	盅	瓮	撖	渡	巢	赢	戳	郁	瘠	蠢

柄 控 廊 缓 虎 腔 吮 耿 啮 徒 骚 唇 抓 倪 掸 勺 谨 赋
隐 盆 穆 槽 拔 缎 翁 颇 歉 逛

2. 读多音节词语(100个音节)

别扭 恐龙 类似 纳闷儿 未曾 船台 缓解 率领 定律
面条儿 将军 迈进 放射 小瓮儿 出圈儿 接洽 没词儿 主人翁
滥用 撒开 屈服 日程 弹簧 门槛儿 募捐 封锁 大娘
奢移 起源 纠正 一幅 没用 麦子 一旦 产权 不愧
成功 军事 功用 审美 雄伟 白净 烟卷儿 频率 维生素
恰当 亏损 抽空儿 奋不顾身 方兴未艾

3. 朗读短文(400个音节)

作品31—35号中任选一篇(略)

4. 命题说话(任选一个,围绕话题说满3分钟)

(1) 我的成长之路
(2) 谈谈科技发展与社会生活

【模拟训练八】

1. 读单音节字词(100个音节)

阁 苍 螯 剖 使 驹 裹 抠 陇 防 惨 普 摄 诊 兜 盗 锚 扔
葬 摧 糠 扯 癫 扔 桦 眸 踩 捶 跪 尹 搜 呕 抓 曰 掠 秆
稻 景 探 鬈 掐 晾 舔 揍 嫩 肿 押 儒 腻 饼 锥 死 究 浴
想 吃 桶 瞄 舞 灌 砸 荤 袄 疮 鳃 凝 咧 迭 剖 诚 溶 柔
恩 脓 攀 恒 搜 梭 撼 啃 弥 锐 呕 润 陋 筛 裂 蹲 晾 憨
腻 槐 捐 梢 闽 宾 遣 囊 笙 癖

2. 读多音节词语(100个音节)

轮流 闺女 佛法 连日 作坊 照片 柔软 强盗 纯粹
隔壁 被窝儿 富翁 佛经 爽快 解脱 伯母 转悠 虐待
小丑儿 佛教 厚道 佛寺 脑髓 觉得 恰好 倒挂 宣传
唱歌儿 相似 饭盒儿 关押 旋转 嘴唇 佛典 养活 加塞儿
垮台 微弱 缺乏 恩情 胆小鬼 许诺 下边 大伙儿 加强
提高 增强 软着陆 文从字顺 诲人不倦

3. 朗读短文(400个音节)

作品36—40号中任选一篇(略)

4. 命题说话(任选一个,围绕话题说满3分钟)

(1) 我知道的风俗
(2) 我和体育

【模拟训练九】

1. 读单音节字词(100个音节)

耍 趁 瑟 旗 禹 聊 趋 凝 憋 程 怎 篇 蒜 洼 瘤 耍 厌 匾
庵 若 颇 递 垄 瑟 遣 鳖 耍 锣 垒 入 贬 仪 跌 汝 俗 腔
爽 舰 纵 皖 催 耍 奏 涛 剖 丙 谬 泵 舱 硅 浑 翅 饷 签
谬 贼 窘 壕 捏 赐 弥 卯 踹 寺 瓢 洼 挪 皿 琼 捐 抖 鹤
范 铂 虹 匪 昨 绺 攥 振 押 奉 竿 箔 瑟 艇 柄 愣 戳 叨
吻 蕊 沁 跛 瓮 撰 酉 闰 叠 胚

2. 读多音节词语(100个音节)

蛋黄儿 机械化 逃窜 袋子 搜刮 毛驴儿 老本儿 折叠
拥护 行当 谬论 佛学 窘迫 收缩 翌日 耕作
纳税 捱个儿 展览 轻音乐 红润 作恶 扭曲 时日
裸体 东欧 频率 霜期 大腕儿 波及 小瓮儿 虐待
被窝儿 临床 抖擞 濒于 门洞儿 牌楼 软骨 找茬儿
簇拥 稀罕 饭盒儿 玩意儿 棒槌 蜜枣儿 风驰电掣 风起云涌
不动声色 不可思议

3. 朗读短文(400个音节)

作品41—50号中任选一篇(略)

4. 命题说话(任选一个,围绕话题说满3分钟)
(1) 我的家乡(或熟悉的地方)
(2) 谈谈美食

【模拟训练十】

1. 读单音节字词(100个音节)

耍 趁 丝 状 绝 瑟 禹 凝 炼 憋 招 晾 嫩 肿 押 肉 瘠 蠢
舔 揍 而 砖 柄 控 庞 呦 儒 腻 啃 廊 骚 翁 朽 滨 甩 梦
雄 湿 溺 巢 灌 染 瓶 撬 搔 您 颇 穗 祖 肥 饼 蹬 敛 兑
哲 却 窘 浑 鸥 眸 坤 蓊 闰 染 砌 屯 沁 宠 洼 锥 厌 掸
唬 荤 戳 匾 庵 迷 抠 痕 陇 窘 咧 叵 窜 鳖 蹄 褐 氨 篾
缕 狭 扯 噙 踹 束 捣 窟 贩 矩

2. 读多音节词语(100个音节)

折叠 安培 窘迫 拥护 行当 谬论 佛学 加塞儿 垮台
微弱 晚上 缺乏 定律 门口儿 翌日 逃窜 被窝儿 门槛儿
佛寺 博得 纳闷儿 利落 手绢儿 佛像 稳妥 包涵 傀儡
编纂 老头儿 打算 似乎 纯粹 即日 饭盒儿 撒开 富翁
聪明 小瓮儿 抽空儿 靠不住 募捐 铁锹 觉得 唱歌儿 扭曲